Die *Lektüre zwischen den Jahren* ist dieses Jahr einer besonderen Form der Beziehung gewidmet: der Freundschaft. Deborah Moggach, Maurizio de Giovanni, Juliet Nicolson, Elizabeth von Arnim, Frances Greenslade, Anthony Horowitz, Kate Alcott, Giusi Marchetta, Anne-Gine Goemans und Ilke S. Prick erkunden in ihren Geschichten auf unterschiedliche Weise, was Menschen miteinander verbindet. Dadurch entsteht ein Panorama der Freundschaft in vielen Facetten und Spielarten – von Sandkastenfreunden über Zufallsbekanntschaften bis hin zu Freunden fürs Leben.

insel taschenbuch 4253

Lektüre zwischen den Jahren

Lektüre zwischen den Jahren 2013

FREUNDSCHAFT

Insel Verlag

Umschlagabbildung: Hans Traxler

Erste Auflage 2013
insel taschenbuch 4253
Originalausgabe

Hinweise zu dieser Ausgabe am Schluss des Bandes
Vertrieb durch den Suhrkamp Taschenbuch Verlag
Satz: Hümmer GmbH, Waldbüttelbrunn
Druck: CPI – Ebner & Spiegel, Ulm
Printed in Germany
ISBN 978-3-458-35953-1

FREUNDSCHAFT

DEBORAH MOGGACH

Club der gebrochenen Herzen

Alles kam wieder zurück. Buffy legte den Brief auf den Tisch und setzte sich schwerfällig. Bridies Lachen; ihr heiserer Raucherhusten. Sie könnte jetzt in ihrem fleckigen kimonoartigen Morgenrock um ihn herumwuseln. Er erinnerte sich an ihre geäderten Fesseln in den Pantoffeln; an die fröhliche Körperfülle, wie sie da stand und Speck brutzelte. Die Vergangenheit stieg ihm in die Nase; er konnte das Linoleum und die Katzen riechen, die benebelnden Düfte des Ascot-Badeöls über der Badewanne. Es war die Zeit der Eiderdaunendecken, des bullernden Gasofens und ihrer auf dem Kamingitter trocknenden Strümpfe. Bridie führte eine Pension für Schauspieler in Edgbaston. Buffy hatte dort gewohnt, jahrein, jahraus, und war während eines Engagements am Birminghamer Repertoiretheater von einem geschmeidigen Heißsporn zu einem beleibten Falstaff mutiert. Bridie allerdings konnte das Alter nichts anhaben. Wie die meisten Dicken blieb sie dieselbe, Jahr für Jahr. Der Ansatz ihres hennagefärbten Haars war grau, sie hatte zwei neue Kniegelenke, aber sie glich weiterhin dem Mädchen, das er gekannt hatte, als er in Strumpfhose noch fesch aussah.

Einmal, er war betrunken, hatte er ihr einen Heiratsantrag gemacht.

»Liebling, nicht nur, dass du schon verheiratet bist, ich habe hier meine eigene Familie, schönsten Dank.« Sie schenkte ihm noch einen Whisky ein. »Pensionsgäste machen viel weniger Mühe als Kinder, selbst wenn es Schauspieler sind. Und außerdem bezahlen sie mich.«

»Spricht aber doch einiges dafür. Der himmlische Frieden eines Ehebetts, tralala, nach all dem Tumult der Chaiselongue.«

»Himmlischer Frieden, so ein Quatsch. Wir würden uns über die Regenrinne in die Haare kriegen.«

»Wo du es gerade erwähnst: Du solltest dich tatsächlich darum –«

»Halt die Klappe, du Blödian.«

Sie hatte natürlich Recht. Sie waren glücklich, so wie es war. Wer wusste schon, was sie anstellte, wenn er nicht da war? Er erinnerte sich an das Kästchen aus Krokodilleder, in dem sie ihr Diaphragma aufbewahrte, das Geschenk eines Gentleman-Verehrers. Sie war eine heißblütige Frau und von Natur aus entgegenkommend, und Schauspieler auf Tournee waren ziemlich gut im Flachlegen. Was gab es auch anderes zu tun, wenn man den ausgestopften Dachs im Heimatmuseum gesehen hatte?

Und jetzt war Bridie tot. Buffy war nach Weinen zumute. Er war Schauspieler, er konnte es auf ein Stichwort hin abrufen. Und bei Gott!, er hatte reichlich weinen müssen. Aber Schmerz ist am heftigsten, wenn widersprüchliche Gefühle ihn trüben – Missfallen, Schuld, Groll. Bridie war eine der wenigen Frauen, denen gegenüber er keinerlei Schuld fühlte. Um ehrlich zu sein, seit sie nach Wales gezogen war, hatten sie den Kontakt verloren. Dass er in all den Jahren in ihren Gedanken geblieben war – daher wohl der Brief von einem Rechtsanwalt in Builth Wells, sie musste ihm eine Kleinigkeit in ihrem Testament vermacht haben –, dass er in Bridies Gedanken geblieben war, weckte zum ersten und letzten Mal

Schuldgefühle in ihm. Auch Dankbarkeit. Wegen seines fortgeschrittenen Alters hatte er viele Freunde verloren, und seine Exfrau. Dass sie alle so sang- und klanglos abgetreten waren, hatte ihm klargemacht – wenn es noch eines Beweises bedurft hätte –, dass Sterben eine reine Ich-Angelegenheit war. Das Letzte, woran man dachte, waren scheinbar die Zurückbleibenden. Ein kleines Gedenken, egal, was, wäre willkommen. Sogar etwas so Scheußliches wie ein Toby-Krug.

[...]

Buffy riss eine Packung Kekse auf. Seine Tochter Nyange kam zum Tee. Bestimmt zu spät. Sie hatte das von ihrer Mutter geerbt, einer ghanaischen Tänzerin, mit der Buffy eine kurze Affäre hatte, als er sich noch in Hosengröße 32 zwängen konnte. Immer wenn er es schon nicht mehr zu hoffen wagte, kam Nyange herangeschlendert und begründete ihr Verspäten mit MAZ, Mittelafrikanische Zeit. War ja wohl sein Problem, gab sie ihm mit ihrem kecken Ton dann zu verstehen, Pünktlichkeit sei ein ungutes Überbleibsel von kolonialer Unterdrückung und Ausplünderung. Dass es

seine Stunde war, die sie gestohlen hatte, brachte Buffy nicht über die Lippen.
Nyange kam tatsächlich eine Stunde zu spät, doch diesmal hatte sie eine Entschuldigung.
»Ich finde keinen verfluchten Parkplatz!«, rauschte ihre Stimme durch die Sprechanlage. Dann hörte er, wie sie einen Mitarbeiter vom Ordnungsamt anbrüllte: »Hau ab! Ich komme ja schon!«
Zuguterletzt musste Buffy sich geschlagen geben und den Tee seiner Tochter ans Auto bringen. Da saßen sie, das Tablett auf seinem Knie, den Teller mit den Keksen auf dem Armaturenbrett. Es war nicht das erste Mal, dass er seinen Besuch draußen in einem eiskalten Honda Civic bewirten musste.
[...]
»Und wie geht es dir so?«, fragte sie. »Eine Ewigkeit her, dass ich in der Gegend war.«
»Um ehrlich zu sein, eine gute Freundin ist gerade gestorben.«
»Tun die das nicht alle?«
»Jetzt mal langsam. Ich bin erst siebzig. Wir sind die neuen Vierzigjährigen.«
Hinter ihnen hupte ein Bus. Leute, die einsteigen

wollten, schoben sich vorbei und starrten ins Auto. Nyange fuhr davon, bog um die Ecke und parkte in zweiter Reihe hinter einem Tesco-Lieferwagen – Beim Shoppen kann uns keiner toppen!

»Eine deiner alten Schauspielerinnen?«

»Eine Vermieterin für Bühnenleute«, sagte Buffy. »In den glorreichen Zeiten des Repertoiretheaters habe ich bei ihr gewohnt. Sie ist vor einigen Jahren nach Wales gezogen und hat eine Frühstückspension aufgemacht.«

So ausgedrückt, klang alles recht trocken. Aber warum sollte es Nyange auch interessieren? Er fühlte sich plötzlich einsam in dem total vollgestopften Auto, in einer Welt ohne Bridie. Nie mehr Post von ihr im Briefkasten. Niemand mehr, der Bescheid wusste, über wen er redete, außer einigen abgeschlafften Schauspielern, die vielleicht zu ihrem Begräbnis herangewankt kamen.

»Sie war meine älteste Freundin«, sagte er, und plötzlich – endlich – schossen ihm die Tränen in die Augen. »Durch dick und dünn.«

»Armer Dad.« Sie streichelte seine Hand. »Du musst am Boden zerstört sein. Ach, scheiß drauf.«

Der Tesco-Lieferwagen fuhr los und gab einen weiteren Mitarbeiter vom Ordnungsamt frei. Er hatte gerade ihr Nummernschild im Visier.
Nyange lehnte sich aus dem Fenster. »Hau ab!«, schrie sie. »Der Mann hier ist ein Krüppel. Er hat gerade einen Anfall!«
Der Mensch vom Ordnungsamt ignorierte sie und zückte sein Notizbuch. Nyange schnaubte und ließ den Motor an. Sie fuhr die Straße entlang, beschleunigte bei Gelb und bog rechts in die Edgware Road. Es war Hauptverkehrszeit. Sie hielt auf einer roten Linie.
»Es ist hoffnungslos. Ich lasse dich besser hier raus.« [...]

Es war kein Toby-Krug. Und auch nicht die gerahmte Reproduktion von *Hochlandrinder im Schnee*, die neben dem Fernsprecher hing und für die Buffy eine Schwäche gehabt hatte. Nein, Bridie hatte ihm ihr Haus vererbt: ihre Frühstückspension in Wales.
Er war noch benommen vom Schock. Da er sich nicht beruhigen konnte, wanderte er in der Wohnung herum, nahm irgendwelche Dinge in die

Hand und legte sie wieder weg. Er verkramte sein Portemonnaie und entdeckte es im Kühlschrank. Nachts träumte er davon, wie er sich splitternackt durch den Regen zurück nach Blomfield Mansions kämpfte, nur um es abgerissen vorzufinden, ersetzt durch die Grabstätte ›Garten der Erinnerung‹. Er wachte auf, schweißgebadet, mit pochendem Herzen.

Er war Bridie dankbar, aus ganzem Herzen dankbar. Dass sie einander ein Leben lang verbunden waren, hatte sie mit ihrem Testament über den Tod hinaus besiegelt, und das berührte ihn tief. Es schmerzte ihn körperlich, dass er sie nicht mehr voller Dank umarmen konnte.

»Warum nicht du, du alter Mistkerl?«, würde sie kichern. »Würde ja zu gerne sein Gesicht sehen, wenn *er* das liest.« *Er* war ihr Bruder und somit der naheliegende Erbe. Er lebte irgendwo in Irland, ein treuer Katholik, der den turbulenten Lebensstil seiner Schwester immer missbilligt hatte. Aber ihr Bruder brauchte das Geld nicht, denn er hatte während des Immobilienbooms spekuliert und die Grafschaft Limerick mit abscheulichen Countryhäusern überzogen, komplett mit Säu-

lenvorhalle und Marmorbad; jetzt fegte der Wind einsames Tumbleweed durch sie hindurch, aber das konnte ihm egal sein, weil er vor dem Crash ausgestiegen war.
Dass Bridie keine weitere Familie hatte, niemand Vertrauteren als ihn, empfand Buffy als seltsam, sein eigenes Leben hatte ihn an der Familienfront ziemlich in Beschlag genommen. Unterschiedlicher hätten ihre Verhältnisse nicht sein können. Sie jedenfalls hatte sich entschieden, so zu leben, ein Freigeist, niemandem verpflichtet.

»Ich habe nicht mal gewusst, dass sie krank war«, erzählte Buffy seinem Sohn Quentin. »Sie hat es in ihren Briefen nie erwähnt.«
»Ich habe nicht mal gewusst, dass es sie gab.«
»Ich weiß nicht, was ich machen soll.« Sie aßen in einem Restaurant in der Frith Street zu Mittag.
»Deine Geldsorgen bist du los. So viel ist sicher«, sagte Quentin.
»Du meinst, ich sollte es verkaufen?«
Quentin lächelte. »Ich kann mir dich genau vorstellen, wie du im strömenden Regen dort fest-

sitzt, zweihundertfünfzig Kilometer von Soho entfernt.«

Es war kein Lächeln, es war ein herablassendes Grinsen. »Warum um Himmelswillen denn nicht?«, fragte Buffy gereizt.

»*Dad.*«

Und das war's. Der Wendepunkt, so sah Buffy es später. *Ich werd's ihm zeigen.* Männer waren schon wegen weniger in den Krieg gezogen. Natürlich war er die liebevolle Verachtung seiner Kinder gewöhnt. Na ja, ihre Verachtung. Ein Mordsspaß, sie zu überraschen.

»Ich habe London satt«, sagte er. »Ich habe meine schrecklichen Nachbarn satt und dass ich nie einen Parkplatz finde. Nyange und ich mussten letzte Woche in ihrem Auto Tee trinken. Ich habe es satt, dass die Fahrradfahrer mich auf dem Bürgersteig umrempeln.«

»Wir fahren nicht auf dem Bürgersteig«, sagte Quentin. Er und sein Partner James waren brave Bürger, die mit ihren Jute-Einkaufstaschen zu Bauernmärkten radelten.

»Ich habe es satt, dass alle Leute so rüpelhaft sind, es sei denn, es sind Ausländer«, sagte Buffy und

kam so richtig in Fahrt. »Ich habe es satt, die ganze Zeit verdrossen zu sein, da fühle ich mich so ältlich – ich *bin* ältlich. Aber ich fühle mich nur so, weil London mich verdrießlich macht. Hier gibt es zu viele Erinnerungen, und zu viele meiner Freunde sind tot.«
»Du hast ernsthaft vor, dort zu leben?« Quentin runzelte die Stirn. Waren seine Augenbrauen gezupft? Quentin war homosexuell; da war ihm das glatt zuzutrauen.
»Ich brauche einen Tapetenwechsel.« Noch während Buffy das sagte, erkannte er, dass es stimmte.
Ihr Mittagessen wurde serviert. Quentin entfernte die Selleriestückchen aus seinem Salat und legte sie neben seinen Teller. Sie hatten beide irgendwann übereinstimmend festgestellt, dass Sellerie ein witzloses Gemüse war. Es war eines der Dinge, die sie gemeinsam entdeckt hatten.
[...]
»Vielleicht täte dir ein Tapetenwechsel tatsächlich gut«, sagte Quentin.
Buffy schaute seinen Sohn scharf an. Der wollte ihn loswerden! Aus dem Auge, aus dem Sinn. Wo-

möglich fiel er seinen Kindern schon zur Last und wurde nur noch aus Pflichtgefühl besucht, und alle wären erleichtert, wenn er weit weg wäre, in einem anderen Land, was Wales ja praktisch war. Ein mürrischer, tattriger König Lear, die Rolle, auf die er sich jahrelang heimlich vorbereitet hatte und die ihm nie angeboten worden war. Was kaum überraschend war, da er keinen Agenten mehr hatte. Vielmehr keine Karriere.

Allerdings winkte eine neue Karriere. »Verehrter Herr Wirt!« Mit dichtem Bart und vom Rotwein geröteten Wangen, könnte Buffy wieder im Mittelpunkt stehen und seine Gäste in seiner charmanten Frühstückspension in der malerischen Stadt Knockton begrüßen, wo immer die sein mochte. Holzfeuer, Jovialität, Messingbetten für fröhliche Paarungen – Ehebrecher willkommen! Sein original englisches Frühstück, alles bio natürlich, würde legendär werden. Vielleicht könnte er sogar Schweine halten.

Diese grässlichen Frühstückspensionen seiner Vergangenheit: Nylonlaken, pastellfarbene Tapete, gerahmte Scherenschnitte von Damen im Reifrock – nicht mit ihm! Die Beinaheunmöglichkeit jedweder Form sexuellen Geplänkels in einem Doppelzimmer, das nach Raumspray roch. Die mit Zierdeckchen drapierte Tischgruppe mit ausgelegten *Readers Digests*. Das etepetete Frühstückszimmer, leises Besteckklappern, Gewürzständer – Gewürzständer! –, winzige Sachets mit Erdbeermarmelade, ausgerechnet Erdbeermarmelade.

»*Du* willst eine Frühstückspension führen?« Quentin verbarg ein Grinsen, indem er seine Serviette an die Lippen presste.

»Davon habe ich in meiner Zeit immerhin genug gesehen. Auf meinen Tourneen. Ach, übrigens, du bist auch in einer gezeugt worden. In Kettering.«

Quentin zuckte zusammen. »Bitte keine Details, Dad.«

»Deine Mutter und ich haben in *Private Lives* Sibyl und Elyot gespielt.«

Buffys erste Frau – Gott habe sie selig – war eine junge Frau voller Leben gewesen, die sich von den üblichen Einschränkungen papierdünner Wände nicht einschüchtern ließ. Er erinnerte sich an die gesenkten Augen der anderen Pensionsgäste, wenn sie beide, hastig ein bisschen frisch gemacht, zum Frühstück erschienen. Und Quentin, ein kleines Wunder in ihr, ganz am Anfang. Kaum verwunderlich, dass Bridies Pension eine Befreiung war. In seiner Glanzzeit hatte das Haus in Edgbaston vor Sex nur so geknistert. Er erinnerte sich, wie er Digby Montague, jetzt königlicher Ritter, nur mit Socken bekleidet über den Flur flitzen sah. Und Hillers, eine lüsterne Lesbe und unvergessliche Lady Bracknell, wie sie im Zigarettenmief am Frühstückstisch saß und das Knie einer blonden Naiven tätschelte. Sogar die Katzen machten es wie wild, eine warf Junge auf seiner Daunendecke. Glückliche Tage.

MAURIZIO DE GIOVANNI
Die Gabe des Commissario Ricciardi

Franco Massa und Raffaele Maione waren schon als Kinder unzertrennlich gewesen. Tausend Streiche ausheckend, trieben sie ihr Unwesen rund um die Piazzetta Concordia, trotzdem mochten die Kaufleute der Gegend die sympathischen Jungs: der eine spindeldürr mit einer Riesennase im hageren Gesicht, der andere dick und stets bereit, in ein geräuschvolles Lachen auszubrechen, das klang, als scheppere ein Wagen voller Töpfe eine Treppe runter. Man musste sie einfach gern haben, die beiden, auch wenn sie es sehr bunt trieben.

Unzertrennlich waren sie auch dann noch, als sie nicht mehr barfuß dem Pazzariello nachliefen oder sich an die Trolleybusse hängten, um auf einer waghalsigen Fahrt zum Meer an der Via Caracciolo zu gelangen und sich dort von den Felsen ins Wasser zu stürzen. Als Heranwachsende warteten sie vor der Schule der Piazza Dante gemeinsam auf die herauskommenden Mädchen. Als junge Männer teilten sie sich die Eintrittskarten zum Salone Margherita, wo junge Tänzerinnen ihre Röcke hochhoben; einer lenkte den Platzanweiser am Eingang ab und der andere schleuste sich zwischen den Beinen all der Söhne aus reichem Hause durch.

Es war eine jener überbordenden Freundschaften, die auch das restliche Leben einnehmen, bei denen einer die Eigenheiten des anderen unwillkürlich übernimmt und man vergisst, wer nun eigentlich wem gleicht.

Als Lucia in Raffaeles Leben trat, jener blonde Engel, der die Mutter von Maiones sechs Kindern werden sollte, verlor er Franco nicht aus den Augen, wie es so oft geschieht. Er wurde einfach Onkel Franco und die Kinder schlossen ihn ins Herz wie einen zweiten Vater. Allen voran Luca, dessen Pate er selbstverständlich war. Massa hatte immer noch das Foto vom Tag der Taufe auf dem Nachttisch stehen: Er selbst stocksteif und unbeholfen mit dem kleinen Bündel im Arm, Raffaele und Lucia gerührt und lächelnd links und rechts von ihm.

Als Patenonkel war er gewissenhaft und aufmerksam gewesen. Er hatte Luca Schritt für Schritt begleitet, seinen Umgang und seine Freundschaften mit strengem Auge überwacht. Oft bat der Junge sogar seinen Vater, bei Onkel Franco für ihn ein gutes Wort einzulegen, damit er ihm erlaube, abends länger auszugehen oder mal die Schule zu schwänzen.

Beide Freunde hatten sich für die Uniform entschieden, Maione bei der Polizei und Massa als Gefängniswärter. Es war nur natürlich, dass Luca sich ebenso entschied. Tragisch und natürlich.

Lucas Tod war schrecklich für Raffaele gewesen, aber nicht weniger für Franco. Er hatte keine eigene Familie, keine besondere Zuneigung. Sein Wunsch nach Kindern wurde von dem lauten, blonden, wunderschönen Jungen befriedigt, mit Augen so blau wie das Meer und dem gackernden Lachen des Vaters. Sein Tod hatte etwas in Massa zerbrochen, ein Feuer zum Erlöschen gebracht, das nie wieder brennen würde.

Nach einer Weile war es für die beiden alten Freunde schmerzhaft geworden, sich zu treffen. Jedes Mal, wenn sie sich sahen, herrschte zuerst Schweigen, dann fing Franco unweigerlich an zu weinen. Er weinte stumm, ohne seinen Gesichtsausdruck zu verändern; große Tränen rannen ihm dabei übers Gesicht wie bei einem plötzlichen Regenguss.

Mit der Zeit verabredeten sie sich nicht mehr. Begegneten sie sich einmal zufällig, nickten sie sich von Weitem zu, aber das geschah selten. Massa bewegte sich ohnehin kaum noch von Poggioreale weg, wo er mittlerweile eine leitende Funktion im Sicherheitsdienst des Gefängnisses innehatte, und wenn Maione an ihn dachte, spürte er jenen feinen Schmerz, der sich einstellt, wenn man zulässt, dass ein wichtiges Gefühl aus Nachlässigkeit verkümmert.

Als er den Freund nun an der Straßenecke stehen sah, die er täglich auf seinem Nachhauseweg passierte, kamen bei Maione in einer ungeheuren Gemütsbewegung gleichzeitig Freude und Gewissensbisse auf: Er freute sich auf ein frohes Weihnachtsfest, bei dem sein Sohn und sein bester Freund fehlten.

Er umarmte ihn herzlich wie in alten Zeiten; Franco ließ sich von ihm drücken und knuffte

ihm die breiten Schultern – so hatten sie sich schon als Kinder begrüßt. Schließlich schob er den Freund jedoch von sich weg und sah ihm fest in die Augen. Mein Gott, was ist er gealtert, dachte Maione. Franco sah ihn lange an. Dann sagte er:
– Ich muss mit dir reden, Raffaele. Es ist wichtig. Eine halbe Stunde wird's schon dauern.
Maione war glücklich und verwirrt.
– Klar, Franco. Wann wollen wir uns sehen? Komm doch zu uns, Lucia und die Kinder würden sich bestimmt freuen. Ich wollte mich ohnehin wegen Weihnachten bei dir melden, kommst du an Heiligabend? Lucia macht Muscheln, du weißt doch, sie ist eine tolle Köchin.
Massa schien in Gedanken woanders zu sein.
– Weihnachten ... Ja, stimmt. Nein, ich muss sofort mit dir reden. Gehen wir in das Wirtshaus da drüben, ich geb' dir ein Glas Wein aus. Nur eine halbe Stunde, länger brauche ich nicht.
Er steuerte auf die Taverne zu, ohne eine Antwort abzuwarten.
[...]

In der Wirtsstube war nicht viel los. Wer Familie hatte, wollte in der Woche vor Weihnachten früh nach Hause. Maione und Massa setzten sich an einen Tisch in der Ecke, der etwas abseits stand, und bestellten einen halben Liter Rotwein, um sich aufzuwärmen. Der Brigadiere bemühte sich, das Eis zu brechen:

– Wie geht es dir? Wie gesagt, Lucia und ich hatten vor, dich an Heiligabend zu uns einzuladen. Es ist alles besser geworden, weißt du, wir reden wieder, Lucia geht es gut. Sie interessiert sich wieder für die Familie. Auch die Kinder …

– Raffaele, bitte verzeih mir. Ich muss dir etwas sagen, das dir vielleicht weh tun wird. Es tut mir leid.

Maione schloss die Augen. Er hatte die Besorgnis im Blick seines Freundes gleich erkannt, und da er ihn zu gut kannte, war kein Irrtum möglich. Feige hatte er gehofft, dass es sich um ein Problem des anderen handeln würde; er hätte ihm dann natürlich von ganzem Herzen geholfen, doch seinen eigenen Frieden bewahrt, diesen so zerbrechlichen, so mühsam wiedererlangten Frieden. Aber es war anders.

– Ich habe keine Wahl, nicht? Hättest du es mir ersparen können, wärst du jetzt nicht hier. Dann hättest du für mich entschieden.
Massa trank einen großen Schluck Wein.
– So ist es. Aber leider hab' ich nicht das Recht dazu. Hör zu: Du weißt ja, dass ich, seit sie mich zum Chef des Sicherheitsdienstes gemacht haben, selbst keine Wache mehr in den Fluren halte. Aber die Jungs wissen, dass ich bestimmte Dinge persönlich verfolge, und berichten mir sofort alle Neuigkeiten. Letzte Woche, frag mich nicht warum, kam's zu einer Rauferei zwischen den Gefangenen, im Speisesaal. Die meisten von ihnen sind wilde Tiere, die nicht wissen wohin mit all der Gewalt, die in ihnen steckt. Oft reicht ein Blick, ein Wort, auch nur ein Unterton … was soll's, es sind ein paar Stühle durch die Luft geflogen, es hat Tritte und Fausthiebe gegeben, bis meine Leute gekommen sind und für Ruhe gesorgt haben.
Maione wartete, das Herz schlug ihm bis zum Hals. Massa fuhr fort:
– Aber es war schon zu spät. Ein Mann war auf dem Boden liegen geblieben, er hatte einen Tritt

am Kopf abgekriegt, als er hingefallen war. Man hat ihn zur Krankenstation gebracht, aber es war klar, dass er's nicht schaffen würde. Du weißt wahrscheinlich, von wem die Rede ist, oder?
Maione schloss die Augen. Er. Der Mörder. Er war tot, der Kreis hatte sich geschlossen. Kaum hörte er Massa, der bereits weitersprach, noch zu.
– Sie haben mich sofort gerufen, denn sie wussten, dass der Zustand des Mannes, alles, was er tat oder was ihm passierte, mir mitgeteilt werden sollte. Jeder einzelne Tag, den er absaß, war wie Balsam auf meiner Seele. Jeder gottverdammte Tag.
Massas Stimme war nur noch ein Flüstern und zitterte vor Hass. Er hatte die Lippen aufeinandergepresst, starrte ins Leere. Maione spürte einen Stich im Herzen, als ihm klarwurde, wie sehr sein Freund in diesen Jahren gelitten haben musste. Er selbst hatte Trost in seinen anderen Kindern und Lucia finden können, Franco nicht.
– Ich bin sofort hingegangen, wie du dir vorstellen kannst. Hab' mich ins Zimmer gestellt, nicht weit vom Bett entfernt. Seinen Todeskampf woll-

te ich sehen, Minute für Minute. Die Wunde war groß, ein Stiefeltritt an die Schläfe, keiner hat damit gerechnet, dass er aufwachen würde. Aber er ist aufgewacht.

Maione riss die Augen auf: Was in aller Welt war passiert?

– Er ist aufgewacht und hat nach einem Priester verlangt. Dieser Schuft, dieser gewissenlose Mörder wollte sich im letzten Moment in Sicherheit bringen, ein bisschen herumjammern und Gottes Segen bekommen. Er konnte nichts mehr sehen. Da hab' ich einen Stuhl genommen, ihn an sein Bett gestellt und den Priester gespielt. Ich hab' mich als Priester ausgegeben, Raffaele. Als Priester.

Er wiederholte die Worte vor allem für sich selbst. Maione schüttelte den Kopf, er kämpfte mit den Tränen.

– Ach Franco. Mein armer Freund.

– Ich hab' keine Angst, glaub mir. Ich hab' schon zu viel gesehen, mit meinen eigenen Augen, um Angst vor dem Jenseits zu haben. Ich wollte es aus seinem Mund hören, was er getan hatte. Also hab' ich ein paar Worte in erfundenem Latein genuschelt, und der Dummkopf ist drauf reingefallen und hat angefangen zu reden. Du kannst dir's ja vorstellen, ich kenne seine Akte auswendig, so oft hab' ich mir sie angesehen. Die ganze Litanei hat er mir aufgesagt, Diebstahl für Diebstahl, Raub für Raub und die Morde, eins, zwei, drei. Sogar einen, für den ihm nicht mal der Prozess gemacht worden war.

Maione hing buchstäblich an seinen Lippen.

– Und zu Luca, was hat er dir da gesagt? Hat er erzählt, wie's passiert ist? Wenn er was gesagt hat, wenn …

– Warte. Lass mich weitererzählen. Irgendwann hat er aufgehört und nichts mehr gesagt. Ich dachte, er sei gestorben, endlich. Aber er atmete noch, also hab' ich ihn gefragt: Und Luca Maione? Er hat nicht gleich geantwortet. Schließlich hat er mich gefragt: Woher wissen Sie von dem Polizisten?

Maione wartete mit angehaltenem Atem.

– Ich hab' zu ihm gesagt: Du stehst vor Gottes Pforte und Gott weiß alles. Wenn du jetzt lügst, wirst du keine Vergebung erlangen. Er hat geschwiegen und dann, so leise, dass ich mich vorbeugen musste, um ihn zu verstehen, gesagt: Den Polizisten hab' nicht ich umgebracht.

Die Leute um sie herum unterhielten sich, draußen erklangen Weihnachtslieder und das Geräusch des Windes, der unablässig durch die Gassen brauste. Doch Maione schien es, als habe sich eine schwere Stille auf sie herabgesenkt, wie die Stille in einer Kirche an einem Sommernachmittag.

– Was heißt das? Was soll das heißen, Franco? Wie kann das sein, dass nicht er ihn umgebracht hat? Wer hat ihn dann ermordet, meinen Luca? Er hat gelogen, der Mistkerl. Sogar kurz vorm Tod hat er noch gelogen!

Massa hatte noch ein Glas Wein getrunken. Seine blutunterlaufenen Augen und die roten Flecken im Gesicht wirkten, als habe er starkes Fieber.

– Das hab' ich auch gedacht. Aber dann hab' ich mir gesagt: Warum sollte er? Er hat die anderen Morde gebeichtet, sogar einen, für den er nicht verurteilt worden war, und ihm ist klar, dass er stirbt. Was für einen Sinn hat es da zu lügen? Er wird kaum glauben, den Allmächtigen reinlegen zu können.

– Und?
– Also hab' ich gedacht: Mit diesem Zweifel kann ich nicht leben. Ich hab' zu ihm gesagt: Mein Sohn, ich kann dir nicht glauben, wenn du mir nicht sagst, was wirklich passiert ist. Und wenn ich dir nicht glauben kann, kann ich dir auch keine Absolution erteilen. So leid es mir tut, aber du kommst für deine Sünden in die Hölle.
– Und er? Wie hat er darauf reagiert?
– Er hat mir geglaubt und mir alles erzählt. An dem Tag hatte er außer seinen üblichen Kumpanen auch seinen kleinen Bruder, Biagio, mitgenommen. Der Junge hatte noch nie was angestellt, aus Respekt vor der Mutter hatte man ihn aus allem rausgehalten, aber der Kleine gab keine Ruhe. Die Bande hat sich sicher gefühlt, und der ältere Bruder hat's schließlich zugelassen. Aber Luca hat sie aufgespürt, er hatte sie beschattet; er war richtig gut, das hatte er von dir.
Maione nickte abwesend. Er erinnerte sich an die vielen Stunden, die er damit verbracht hatte, seinem Sohn die richtige Technik beizubringen.
– Luca hat gewusst, wie viele es waren, und hat sie reingehen sehen. Er hat genau mitgezählt. Der

Junge hatte wirklich was drauf! Als er sicher war, dass alle drin waren, ist er in den Keller eingefallen und hat sie mit der Pistole in Schach gehalten; niemand hätte ihm so dumm kommen können. Er hatte nicht mit dem Jungen gerechnet, der Zigaretten holen war. Als er runterkam, hat er Luca gesehen, der ihm den Rücken zuwandte und die ganze Bande unter Beschuss hielt. Er ist in Panik geraten, und anstatt wegzurennen, hat er das Messer genommen, das sein Bruder ihm gegeben hatte, und ... und hat getan, was er nicht hätte tun dürfen.

Maione streckte die Hand über den Tisch und packte Massas Arm.

– Das heißt, es war der Junge? Sein kleiner Bruder?

– Ja, er war's. Der ältere hat die restlichen Polizisten kommen hören und sehr schnell überlegt. Er hat sich das Messer geschnappt, seinem Bruder gesagt, sofort zu verschwinden, ohne zu rennen – es kannte ihn ja niemand –, und den Mord gestanden. Er hatte nichts zu verlieren, denn verurteilt hätte man ihn sowieso, er wurde ja wegen anderer Delikte und anderer Morde gesucht.

Es folgte ein langes Schweigen. Maione musste völlig neue Gedanken zu etwas sehr Wichtigem ordnen, das er erst vor Kurzem halbwegs erfolgreich verdrängt hatte.

– Das bedeutet ja, dass der wahre Schuldige, der Mörder meines Sohnes, unseres Sohnes, frei ist. Und seit drei Jahren gemütlich durch die Gegend spaziert und womöglich noch andere Leute auf dem Gewissen hat.

Massa nickte.

– Das hat mich auch bestürzt. Aber ich hab' nichts gesagt, hab' mit offenem Mund geschwiegen, bis das Schwein tot war.

Maione starrte ins Leere.

– Ich kann's nicht glauben.

– Es ist aber so. Deshalb bin ich hergekommen, obwohl mir klar war, dass ich dir die Feiertage verderbe. Aber so können wir diese Geschichte endlich zu Ende bringen und für Gerechtigkeit sorgen.

Maione schaute ihn an.

– Was meinst du damit?

Jetzt war es an Massa, über den Tisch zu greifen, um Maiones Hand zu nehmen.

– Verstehst du nicht? Es ist doch ganz einfach. Wir müssen diesen Biagio finden und ihn töten wie einen Hund, wie er's mit Luca gemacht hat. Ich hätte es schon getan, aber ich war bloß sein Taufpate. Du bist sein Vater, das Recht steht dir zu. Wenn du dich nicht dazu in der Lage fühlst, versteh ich's, dann sag's mir, und ich tu's. Ich warte schon lange darauf.
Maione fühlte sich wie betrunken.
– Das würdest du wirklich tun?
Massa lachte bitter.
– Raffaele, in den letzten dreieinhalb Jahren gab's keinen einzigen Tag, an dem ich nicht an Luca gedacht habe. Ich hatte nie Kinder und hab' auch keine gebraucht: Der Junge war mein Leben. Ich erinnere mich an ihn als Neugeborenes, als Kind, als Jugendlichen und als Mann. Wir haben uns ohne Worte verstanden, ich liebte ihn über alles. Dieser Bastard hat mir das Einzige genommen, das mir im Leben wirklich etwas bedeutet hat. All diese Jahre über, als ich noch glaubte, der Bruder war's, hab' ich jeden Moment darauf geachtet, dass er so einsaß, wie er's sollte, und ich hätte bis ans Ende meiner Tage darauf aufgepasst, dass

er seine Strafe abbüßt. Du warst es, der ihn in den Knast geschickt hat, ich hätte ihn Stück für Stück auseinandergerissen, damals in diesem Keller. Du weißt, was das Gesetz sagt: Es können nicht verschiedene Personen für dasselbe Verbrechen belangt werden. Und außerdem: Wie sollten wir's beweisen? Durch meine Zeugenaussage, nachdem ich mich als Priester ausgegeben hab'? Ich, der Pate des Opfers?

Maione musste zugeben, dass sein Freund recht hatte. Der Mörder würde ungeschoren davonkommen. Er konnte aber nicht zulassen, dass Massa sich das Leben ruinierte. Wenn es schon jemand tun muss, dachte er, muss ich derjenige sein. Ich, der den Falschen eingelocht hat.

– Überlass mir die Sache, Franco. Lass mich ihn finden, ihm ins Gesicht schauen. Wenn ich's nicht schaffe, sag' ich dir Bescheid.

Massa sah ihn forschend an. Er wirkte entschlossen.

– Raffaele, du weißt ja: Luca soll in Frieden ruhen. Und er kann keinen Frieden finden, wenn sein Mörder ungestraft bleibt.

Maione stand auf:

– Ich weiß, Franco. Und verzeih, dass ich nach all der Zeit meinen Schmerz vergessen hatte. Ich danke dir für das, was du getan hast.
Massa trank sein letztes Glas aus und stand ebenfalls auf.
– Nein, ich muss dir danken, für Luca und die Erinnerung an ihn. Er war das einzig Schöne in meinem Leben. Lass von dir hören, Raffaele. Gib mir Bescheid.
So ging jeder der beiden seines Weges, grußlos und ohne gute Wünsche.
Sie wussten, dass es kein frohes Weihnachtsfest werden konnte.

JULIET NICOLSON

Als Mrs Simpson den König stahl

Einige Tage später traf mit der letzten Weihnachtspost ein weiterer Brief mit englischer Briefmarke für Evangeline ein. Sie nahm eine Handvoll glasierter Mandeln aus der gläsernen Schale auf dem Garderobentisch und untersuchte den Umschlag sorgfältig, bevor sie das silberne Messer mit der Blumengravur zur Hand nahm, um ihn zu öffnen. Der geschwungene Bogen, der den ersten Buchstaben jedes Wortes abrundete, versetzte sie zurück in ihre Schulzeit, als sie das Internat Oldfields in Baltimore besuchte und die Lehrer ihnen gegenüber oft das Schulmotto zitierten: »Von Mädchen werden jederzeit Sanftmut und Höflichkeit erwartet.«

Zuverlässig fand sich an seinem Platz in der oberen linken Ecke des Kuverts das umkringelte, unterstrichene und mit einem Bindestrich versehene Kennwort, jenes Wort, das Wallis und sie schon in ihren Teenagerjahren in ihrem gemeinsamen Briefverkehr verwendet hatten. In der Schule war es üblich gewesen, dass beste Freundinnen einen Teil ihres jeweiligen Vornamens miteinander verflochten; die mittlere Silbe von Evangeline und die letzte Silbe von Wallis hatten Gel-Lis ergeben. Wenn sie das Kunstwort aussprachen, hatten die beiden immer lachen müssen, weil es wie *jealous*, »eifersüchtig«, klang, dieses Gefühl jedoch in ihrer Freundschaft keinerlei Rolle spielte. Die anderen Mädchen fanden, dass das Paar nicht recht zusammenpasste, da Evangelines gebückte, unförmige Gestalt die ihrer kleineren, magereren Freundin stets überragte. Wallis hatte noch eine andere Seelenverwandte, die hübsche Mary Kirk, der sie fast ebenso nahestand. Obwohl Evangeline für ihre vorrangige Position in Wallis' Leben dankbar war, fragte sie sich doch, ob Wallis sie der Gesellschaft Marys vielleicht nur deswegen vorzog, weil Evangelines Mangel an Eleganz ihr aus dem Kontrast heraus funkelnden Glanz verlieh.

In den Schulferien gingen Wallis und Evangeline oft in der Innenstadt von Baltimore einkaufen. Sie waren eben sechzehn geworden, und einer ihrer Lieblingsorte war das neue Kaufhaus Hochschild Kohn. Evangeline war meist schon früher da und verbrachte die gestohlene Zeit in der verlockenden Hutabteilung, wo sie ihren armen kahlen Schädel unter den neuesten Modellen aus Samt und Seide verbarg. Ihre Erscheinung im Spiegel konnte sie dann flüchtig mit der einer modischen jungen Frau von Welt wie Mary Kirk verwechseln, statt dem unschönen Eierkopf ausgeliefert zu sein, der ihr gewöhnlich entgegenstarrte. Dort, im Café des Kaufhauses, vertraute Wallis ihr auch an, dass sie »es« getan hatte. Der fragliche Junge war der Sohn eines Freundes ihrer Eltern; viel mehr war sie nicht gewillt preiszugeben. An Wallis' zufriedenem Gesichtsausdruck war abzulesen, dass Evangeline auf ihre vertrauliche Mitteilung ehrfürchtig genug reagiert hatte. In der Tat hatte Evangeline die Information gar nicht fassen können. Wann war es passiert? Wie hatte es angefangen? Wie lange hatte es gedauert? Waren sie die ganze Zeit über bekleidet gewesen? Wer hatte den BH geöffnet? Hatte es Geräusche gegeben? Worte? Schreie? Viele andere Mysterien verlangten eine Antwort, aber Evangeline brachte nicht den Mut auf, danach zu fragen. Als sie die

Rechnung beglichen hatten und wieder auf der Straße standen, war Evangeline noch verwirrter; denn sie bemerkte, dass Wallis keine Mühe hatte, sich auf ihr Fahrrad zu schwingen und mit größter Geschwindigkeit davonzuradeln. Ein harter Fahrradsattel, der vorn spitz zulief? Nach einem solchen »Eingriff« musste er doch bestimmt wehtun? Dennoch verließ Evangeline das Kaufhaus an jenem Tag mit dem Gefühl, das Leben habe ein paar Sprünge nach vorn gemacht. Wenngleich sie bei dem ineinandergreifenden Körperpuzzle, zu dem zwei Menschenleiber offensichtlich fähig waren, nicht selbst ihre Unschuld verloren hatte, so konnte sie sich wenigstens in der gespiegelten Selbstgefälligkeit ihrer nunmehr weltläufigen Freundin sonnen.

Vor zwei Jahrzehnten war Wallis nach Baltimore zurückgekehrt, nachdem sie mit ihrem ersten Ehemann, dem Marineflieger Earl Winfield Spencer, den alle unter dem Namen Win kannten, zwei Jahre lang in China gelebt hatte. Evangeline hatte sich auf ihr Wiedersehen in Wallis' Elternhaus gefreut, während der Zusammenkunft jedoch nur wenig gesagt, da Wallis ausführlich ihr dramatisches Leben im Fernen Osten und die schrecklichen Erfahrungen mit dem übermäßigen Alkoholkonsum ihres Mannes schilderte. Nach einem mehr als zweistündigen Monolog schenkte ihr Wallis ein silbernes chinesisches Papiermesser mit Blumengravur, das in einer silbernen Messerscheide steckte.

»Ich habe es auf einem Basar in Peking gekauft«, erzählte ihr Wallis. »Ich dachte, es könnte dir gefallen.«

Evangeline war gerührt über diese Aufmerksamkeit. Freundschaft ist doch alles, dachte sie zufrieden, als sie das Messer in ihre Tasche steckte und Wallis ankündigte, im Schlafzimmer habe sie ein noch ungewöhnlicheres Geschenk, das sie ihr zeigen wolle.

»Wie findest du das?«, fragte Wallis, und ihre Stimme, normalerweise schrill wie der Ruf des Aras, wurde plötzlich unnatürlich sanft. In der Hand hielt sie einen etwa zehn Zentimeter langen und drei Zentimeter breiten fleischfarbenen Metallzylinder. »Damit könnten wir ein bisschen Spaß haben, Vangey. Wie, habe ich in China gelernt. Ich könnte es dir zeigen, wenn du möchtest.«

Evangeline konnte Wallis' würzigen Atem riechen, als diese eine herausfordernde Miene aufsetzte und langsam ihre wunderschöne Seidenbluse aufknöpfte. Bevor Evangeline sich in Sicherheit bringen konnte, hatte Wallis nach der großen Schleife am Ausschnitt von Evangelines Kleid gegriffen und sie mit einem kurzen Ruck gelöst.

»Was in aller Welt tust du da?«, rief Evangeline und versetzte Wallis einen kräftigen Stoß, der die Freundin zurücktaumeln ließ. Plötzlich wurde die erdrückende Intimität des Schlafzimmers unerträglich, und Evangeline stürzte zur Haustür.

In all den Jahren hatte jenes schreckliche Missverständnis in ihren Gedanken nachgehallt, und anfangs hatte sie sich insgeheim geschworen, mit ihrer alten Freundin nichts mehr zu tun haben zu wollen. In Baltimore war ihr zu Ohren gekommen, dass Wallis und Win geschieden worden waren und Wallis danach einen englischen Reeder namens Ernest Simpson geehelicht hatte. Seit dem unglücklichen Vorfall in Wallis' Schlafzim-

mer waren Evangeline und Wallis einander nicht mehr begegnet, und in ihren sporadischen Briefen war er nie erwähnt worden.
Vielleicht würde das alles sich jetzt ändern, überlegte Evangeline, als sie dem Umschlag mehrere zusammengefaltete Bögen entnahm. Der Briefkopf war ihr unbekannt. Hatten sich Wallis und ihr neuer Mann mit einer Militärfamilie angefreundet? Was für Leute wohnten in einem Fort? Die Engländer und ihre altmodischen Gepflogenheiten waren immer für eine Überraschung gut! Trotz des Schlafzimmervorfalls konnte Evangeline nicht umhin, sich auf Wallis' Briefe zu freuen. Sie waren immer so amüsant. Mit ihrer Abneigung gegen die klumpigen englischen Kopfkissen und ihrem Unbehagen angesichts der komplizierten Tischsitten hatte Wallis Evangeline zum Lachen gebracht. Weshalb zum Beispiel fielen die Briten über ihr Essen her, sobald es ihnen vorgesetzt wurde, als hätten sie nicht erst vor einer Stunde etwas gegessen?
»Oh bitte, langen Sie zu«, rief die Gastgeberin dann offenbar über den Tisch, selbst wenn die Runde des Butlers noch gar nicht beendet war

und die Hälfte der Gäste nichts hatte, wonach sie langen konnten.

Wallis hatte auch geschrieben, wie erleichtert sie sei, einen neuen Ehemann gefunden zu haben, noch dazu einen halben Engländer, einen Mann, mit dem sie sich gut verstehe. Ihr Umzug in die heimatliche Grafschaft seiner Mutter und das Vergnügen, das sie bei der Auswahl antiker Möbel für ihre kleine Wohnung empfanden, hatte Evangeline darin bestätigt, dass diese zweite Ehe eine gute Entscheidung gewesen war.

Auch den Schmutz der Hauptstadt hatte Wallis beschrieben: wie die nach Schwefel riechende »Londoner Erbsensuppe«, jener grünliche Smog, den die Einwohner Londons den »besonderen Nebel« nannten, in den Straßen der Stadt die Sicht einschränkte, sodass man, wenn man nicht angestrengt direkt am Eingang nachschaute, die Hausnummern nicht erkennen konnte. Sie erzählte, wie der rußige Smog der Kohlenfeuer, den die Schornsteine der Stadt Tag und Nacht ausstießen, von den Dieselabgasen einer zunehmenden Zahl von Fahrzeugen auf den Straßen verstärkt wurde. Was noch wichtiger war, Wallis konnte den Staub

und Dreck nicht ertragen, der den Weg ins Innere der Häuser fand.
Schmutz und Chaos passten einfach nicht zu Wallis. Die Fotos, die sie ihren Briefen mitunter beifügte, bestätigten, dass alles an Wallis sauber und ordentlich war; sie war so selbstsicher wie ein auf einem Bein stehender Flamingo. Die attraktive Welligkeit ihrer jugendlichen Haarfrisur war längst verschwunden. Stattdessen war sie in jeder Hinsicht straff und schnittig: von der schönen Symmetrie ihres mittigen Scheitels bis zu der Präzision, mit der sie in ihren schicken, eng anliegenden Kleidern vor der Kamera posierte. Offenbar waren selbst ihre nachgezeichneten Augenbrauen, die sich zu einem Lächeln zu verziehen schienen und die ansonsten leere Fläche ihrer breiten Stirn belebten, strengen Diätvorschriften unterworfen. Auf der Schule hatten ihr einige der Mädchen den Spitznamen »Skellis« verpasst. Evangeline versuchte, nicht allzu lange über den Namen nachzudenken, den sie womöglich *ihr* gegeben hatten, wenn sie nicht im Klassenzimmer weilte, aber ein Skelett war sie ganz gewiss nicht.
Evangeline lehnte sich weiter in den mit ausge-

bleichtem blauem Samt überzogenen Sessel am Kaminfeuer zurück. Wie immer lag das silberne Papiermesser griffbereit auf dem Tisch neben ihr. Ein erschrockenes Miauen unter ihr gab ihr zu verstehen, dass sie sich auf das neue Kätzchen gesetzt hatte; sie zog das winzige Tier unter dem Kissen hervor und war erleichtert, als es sich schüttelte und gelassen auf die Tür zuhielt. Sie glättete die gefalteten Bögen blauen Briefpapiers und begann zu lesen. Wallis wollte Evangeline um einen Gefallen bitten. Sie erwähnte die Abendgesellschaft, auf der sie mit der »reizenden Lady Joan« geplaudert hatte, und verlieh ihrer Betrübnis darüber Ausdruck, dass sie erst so spät von Mrs Nettlefolds Tod erfahren habe. Sie habe gehört, dass Lady Joan ihre Patentochter dazu ermuntere, die Reise über den Ozean anzutreten. Vielleicht könne ein Wort von Wallis, ihrer »ältesten Freundin«, helfen, Vangey zu einem Besuch zu überreden?

»Ich würde Dir gern zeigen, dass das Leben hier so ganz anders ist«, bettelte sie. »Es dürfte Dich erheitern, dass ich, Demokratin, die ich bin, Tanz- und Knicksstunden genommen habe, auch wenn

mein Hofknicks mehr einem Nicken ähnelt als einer zeremoniellen Verbeugung!«
Angesichts der Tatsache, dass ihre Tante Bessie inzwischen zu alt war, um den Atlantik mehr als einmal im Jahr zu überqueren, vermisste Wallis die Gesellschaft eines Menschen, mit dem sie sich darüber unterhalten konnte, wie man die Dinge zu Hause erledigte. Sie war sich nicht sicher, ob Evangeline eine gemeinsame Landsmännin kannte, Thelma Furness, mit der Wallis früher viel Zeit verbracht hatte. Leider sah Wallis sie dieser Tage nur selten, und wenn Evangeline diese vertrauliche Mitteilung vorerst für sich behalten könne, so müsse sie gestehen, dass sie sich von den Briten allmählich ein wenig überfordert fühle. Manchmal wisse sie nicht einmal mehr, welcher Nationalität sie angehöre. Sie liebe die Würde der Briten und ihren weiten Horizont, ziehe aber den amerikanischen Sinn für Humor und dessen besonderes Markenzeichen, den »Pep«, vor. Manchmal fühle sie sich fehl am Platz, trotz all des gesellschaftlichen Wirbels, der um sie gemacht werde. Selbst die Freundschaft mit ein, zwei besonderen Individuen (außer der ihres lie-

ben Mannes natürlich) könne ihr Heimweh nicht ganz beseitigen. All dies und vieles mehr wolle sie mit Evangeline persönlich bereden.
»Komm doch! Ach, *komm*!«, hatte sie geschrieben und die Worte mit Nachdruck dreifach unterstrichen. »Vielleicht finden wir ja sogar jenen Liebhaber für Dich, der Dir bisher immer entgangen ist! Er muss doch irgendwo auf Dich warten.«
Sehnsucht nach ihrer Schulzeit durchströmte Evangeline. Jenes längst entschwundene Gefühl der Unschuld und des Vertrauens erinnerte sie an die Empfindungen, die sie jetzt nur noch verspürte, wenn sie im Begriff war, ein neues Kleid anzuziehen, oder eine in Geschenkpapier eingehüllte Schachtel Pralinen in den Händen hielt. Alles war wunderbar in der Vorfreude; aber es musste eine Zeit gegeben haben, da Enttäuschung eine unbekannte Gefühlsregung war, dachte sie wehmütig. Plötzlich kamen ihr die Wärme und der Witz ihrer alten Schulfreundin betörend köstlich vor. Das Missverständnis wegen des »chinesischen Zauberstabs« im Schlafzimmer von Baltimore lag hinter ihnen und brauchte nie wieder

erwähnt zu werden. Evangeline steckte den Brief zurück in den Umschlag und fasste den Entschluss, unverzüglich nach England zu reisen.

ANTONIA WHITE
Minka und Löwenherz

Minka schlief zwei ganze Stunden lang. Mrs. Bell hatte zwar versucht, etwas zu schreiben, doch sie blickte immer wieder hinunter auf das, was im Korb zu ihren Füßen lag, und sagte zu sich selbst: »Wirklich und wahrhaftig – sie gehört jetzt mir. Ich kann es noch gar nicht glauben.«

Haben Sie je ein herrliches Geschenk zu Weihnachten bekommen? Etwas, nach dem Sie sich immer gesehnt hatten? Als Sie es vor den anderen auspackten, es anstaunten und »Danke« sagten, waren Sie noch ein bißchen benommen. Erst als Sie es ganz für sich hatten und anfassen und betrachten konnten, überkam Sie das Bewußtsein, daß es Ihnen allein gehört.

Genauso fühlte sich Mrs. Bell, als sie Minka in ihrem Korb anschaute. Allmählich wünschte sie sich, sie würde aufwachen. So mit geschlossenen Augen zusammengerollt, das Gesicht unter den Pfoten verborgen, konnte Mrs. Bell einfach nicht genug von ihr sehen. Aber sie wußte, es wäre nicht nett, sie aufzuwecken, bevor sie ausgeschlafen hätte. Alle jungen Katzen brauchen viel Schlaf, und Minka hatte ihn heute, nach dem aufregenden Einzug in ihr neues Heim, besonders nötig.

Am Ende wurde Mrs. Bells Geduld belohnt. Minka gähnte, streckte und entrollte sich und richtete sich in ihrem Korb auf. Die blauen Augen blinzelten und schauten sich mit einem leicht verschlafenen Ausdruck um. Da nahm Mrs. Bell sie auf den Schoß, und während sie sie streichelte und mit ihr sprach, konnte sie alles sehen, was an dieser braun gezeichneten Siamesin anders war als an allen anderen Kätzchen, die sie bisher gehabt hatte.

Statt einer rosa Nase hatte sie eine braune, die zu ihren Ohren und der Fellmaske paßte, in der ihre blauen Augen leuchteten wie Aquamarine auf braunem Samt. Waren sie wirklich wie Aquamarine oder wie blasse Saphire oder, wie Mrs. Silver gesagt hatte, wie Glockenblumen? Ihre Farbe schimmerte und changierte um die großen schwarzen Pupillen, die leicht nach innen blickten. Die braune Maske lief in zwei Streifen zwischen den Ohren aus und zeigte zwei cremefarbene Flecke zwischen den Augenbrauen in derselben Farbe wie das ganze Fell. Mrs. Bell strich über Minkas lange, braune Strümpfe und betastete den absurden Knick in ihrem kurzen, braunen Schwanz, der sich anfühlte, als sei unter dem Pelz ein Stückchen gebogener Draht. Ihre Ohren und ihr Mäulchen waren innen nicht rosa wie bei gewöhnlichen Katzen, sondern zart lila. Ihr Schnurrbart und ihre Augenbrauen waren hell und so fein, daß man sie kaum sehen konnte. Doch am meisten faszinierten Mrs. Bell ihre Pfoten. Sie waren oval, nicht rund, und so zierlich und wohlgeformt, als seien sie eigens zum Tanzen und Spielen mit elegantem Nippes entworfen. Dennoch entdeckte Mrs. Bell bald, daß sie sehr muskulös waren und die dazugehörigen winzigen, braunen Krallen stark wie Stahl und scharf wie Nadeln.

Am Ende dieses ersten Tages hatte Mrs. Bell schon viel über Minka erfahren. Nie zuvor hatte sie eine so liebevolle Katze gehabt. Man brauchte sie nur zu berühren, und ihr ganzer Körper bebte vor Schnurren, als hätte man auf einen Knopf ge-

drückt und einen Dynamo gestartet. Doch sie sah auch, daß Minka einen sehr leidenschaftlichen und eigenwilligen Charakter hatte. Da Neugier zu ihren besonderen Leidenschaften gehörte, mußte Mrs. Bell ständig für sie Türen öffnen und schließen, um ihr jeden Winkel der Wohnung zu zeigen. Und da sie darauf bestand, jeden Schrank und jedes Becken zu inspizieren, überall hinaufzuklettern und unter alles zu kriechen, sich hinter Betten zu klemmen und durch Geländer zu springen, mußte Mrs. Bell schon die Augen aufhalten, damit sie sich nicht versteckte oder verletzte.
Sie war wirklich ein sehr intelligentes Kätzchen. Innerhalb einiger Stunden hatte sie herausbekommen, daß die Küche, wo es Futter gab, unten war. Und obwohl sie noch so klein war, daß sie nicht ohne Schwierigkeiten Stufen bewältigen konnte, lief sie doch einige Male selbst hinunter, ohne Mrs. Bell um Hilfe zu bitten. Nach jeder Mahlzeit sagte sie sehr manierlich danke und strich um die Knöchel ihrer Herrin. Das war natürlich auch eine Aufforderung zu einer zweiten Portion. Sah sie aber, daß nichts mehr kam, dann kletterte

sie an Mrs. Bell hoch und schnurrte als Beweis, daß sie nichts übelnahm.
Sie lernte schnell zu miauen, wenn sie aufs Klo mußte, und brachte Mrs. Bell sie nicht rechtzeitig hin, so warf sie ihr einen vorwurfsvollen Blick zu, als ob sie sagen wollte: »Wie *langsam* diese Menschen doch sind.« Und sogar wenn es schon zu spät war, hockte sie sich unverdrossen in das Kästchen, um zu zeigen, daß sie eine äußerst wohlerzogene Katze war und genau wußte, wozu man ein Klo hatte.
Als es Zeit war, zu Bett zu gehen, nahm Mrs. Bell Minkas Korb mit ins Schlafzimmer und stellte ihn neben ihr Bett. Sie ließ die Tür halb offen, damit sie, falls es nötig war, Minka rasch zu ihrem Klo bringen könnte. Sie setzte Minka in den Korb, doch der war noch nicht nach Schlafen zumute. Die ganze Zeit, während Mrs. Bell sich auszog, spielte sie allerhand verrückte Spiele. Sie zerrte an Mrs. Bells Strümpfen und knabberte an ihren nackten Zehen. Sie sprang auf den Rand des Waschbeckens und schlug ihr die Zahnbürste aus der Hand. Sie hielt sich an einem Ende ihres Morgenrockgürtels fest und schaukelte daran wie

an einem Glockenseil. Selbst als Mrs. Bell sich zu Bett gelegt und das Licht ausgemacht hatte, konnte sie immer noch Minka wild im Zimmer herumtollen hören. Beim Springen von einem Stuhl machte sie ein so leises Geräusch, nicht lauter als ein fallendes Wollknäuel. Dann war es still und bald darauf folgte ein leichtes Rascheln. Hatte Minka sich endlich im Korb zur Ruhe gelegt? Nein, etwas bewegte sich ganz, ganz leise über Mrs. Bells Daunendecke. Sie lag still, und das Etwas ... es schien überhaupt kein Gewicht zu haben, doch sie vernahm leises Kratzen von Krallen auf der Seide ... kam langsam näher. Und schließlich spürte sie das glatte, kühle Fell an ihrer linken Schulter, die schmetterlingsleichte Berührung von Schnurrbarthaaren an ihrer Wange. Es wurde noch etwas genestelt und gekramt und dann klang, genau an ihrem rechten Ohr, ein lautes, zufriedenes Schnurren. Minka hatte selbst entschieden, wo für ein Siamkätzchen der einzig richtige Schlafplatz war.

Mit Mr. Briggs im Gefolge erschien sie zum Tee, und ihr Gesichtsausdruck war, wie Mr. Wilkins registrierte, ein ganz anderer als bisher. Schwierigkeiten hier, Schwierigkeiten dort, dachte Mr. Wilkins und rieb sich im Geiste die professionellen Hände. Er sah schon voraus, wie man ihn demnächst zu Rate zog. Einerseits gab es da Mrs. Arbuthnot, andererseits Briggs. Etwas braute sich zusammen, über kurz oder lang würden Schwierigkeiten auftauchen. Warum nur hatte Briggs' Telegramm der Dame fast einen Schlag versetzt? Wenn sie aus übergroßer Freude blaß geworden wäre, dann stünden die Schwierigkeiten noch eher als vermutet vor der Tür. Im Augenblick war sie nicht blaß; sie entsprach mehr ihrem Namen denn je. Nun, er war der Mann bei Schwierigkeiten. Er bedauerte es, selbstverständlich, daß man überhaupt in Schwierigkeiten geriet, aber wenn man sie hatte, war er der richtige Mann für sie. Und Mr. Wilkins, durch diese Gedanken angespornt, ihm lag seine Karriere sehr am Herzen, begann mit großer Gastfreundschaft, Mr. Briggs alle Ehre zu erweisen, und zwar in seiner Eigenschaft als zeitweiliger Teilhaber am Besitz von San Salvatore und als potentieller Helfer in Schwierigkeiten. Er wies ihn auf all die Besonderheiten des Ortes hin, führte ihn zur Brustwehr und zeigte nach Mezzago, das auf der anderen Seite der Bucht lag.

Mrs. Fisher war ebenfalls huldvoll. Dieses Castello gehörte dem jungen Mann. Er war ein Mann mit Eigentum. Ihr gefiel Eigentum, und ihr gefielen Männer mit Eigentum. Auch schien es ihr ein besonderes Verdienst zu sein, in so jungen Jahren ein Mann mit Eigentum zu sein. Natürlich eine Erbschaft; und ein Gut zu erben war ehrbarer, als es zu erwerben, es deutete auf Vorfahren; und in einem Zeitalter, in dem die meisten anscheinend keine hatten oder keine haben wollten, gefiel ihr auch das.

So verlief der Tee ausgesprochen angenehm, jeder war leutselig und zufrieden. Briggs hielt Mrs. Fisher für eine liebe alte Dame und zögerte nicht, ihr das zu zeigen; und wieder wirkte der Zauber, und sie wurde eine liebe alte Dame. Sie entwickelte ihm gegenüber Wohlwollen, ein Wohlwollen, das fast spielerisch war und das sogar noch vor Ende des Tees in einige ihrer Bemerkungen, die sie zu ihm machte, die Worte ›mein lieber Junge‹ einfließen ließ.

Seltsame Worte in Mrs. Fishers Mund. Es war nicht auszuschließen, daß sie die je im Leben schon benutzt hatte. Rose staunte. Wie nett die Leute in Wirklichkeit waren. Wann endlich würde sie sich nicht mehr bei ihnen irren? Nie hatte sie diese Seite von Mrs. Fisher geahnt, und sie begann sich zu fragen, ob womöglich die anderen Seiten von ihr, die einzigen ihr bekannten, nicht bloß die Folge ihres eigenen aggressiven und provozierenden Benehmens waren. Wahrscheinlich. Wie garstig sie gewesen sein mußte. Sie war zerknirscht zu sehen, wie Mrs. Fisher vor ihren Augen zu wahrer Freundlichkeit aufblühte, sobald einer erschien, der charmant zu ihr war, und sie hätte vor Scham in den Boden versinken können, als Mrs. Fisher bald auch auflachte, und durch den Schreck darüber wurde ihr klar, daß dieser Laut völlig ungewohnt war. Kein einziges Mal hatten sie oder sonst jemand Mrs. Fisher lachen hören. Eine Anklage gegen die ganze Gruppe! Sie hatten alle schon gelacht, die anderen, irgendwann einmal seit ihrer Ankunft, mancher mehr, mancher weniger, nur Mrs. Fisher nicht. Es war deutlich, daß sie, da sie sich jetzt so gut unterhielt, wie zu sehen war, sich vorher nicht gut unterhalten hatte. Allen war es egal gewesen, ob sie sich gut unterhielt oder nicht, Lotty vielleicht ausgenommen. Ja, Lotty war es nicht egal gewesen, sie wollte, daß sie glücklich war; aber Lotty schien keine so gute Wirkung auf Mrs. Fisher zu haben; was nun Rose selbst betraf, sie konnte keine fünf Minuten mit ihr zusammensein, ohne den Wunsch zu verspüren, den starken Wunsch, sie zu provozieren und ihr Paroli zu bieten.

Furchtbar garstig war sie gewesen. Sie hatte sich unverzeihlich benommen. Ihre Zerknirschtheit verriet sich in einer scheuen und ehrerbietigen Besorgtheit gegenüber Mrs. Fisher, die den Beobachter Briggs dazu brachte, sie für noch engelhafter zu halten und sich einen Moment lang zu wünschen, selbst die alte Dame zu sein, um in den Genuß von Rose Arbuthnots Aufmerksamkeit zu kommen. Augenscheinlich gab es unendlich viele Dinge, die sie mit Liebreiz machen konnte. Er hätte sogar nichts dagegen, Medizin zu schlucken, richtig widerliche Medizin, wenn es Rose wäre, die sich mit der Dosis über ihn beugte.

Sie fühlte seine strahlend blauen Augen, die um so mehr strahlten, als er sonnengebräunt war, mit einem Zwinkern auf sich gerichtet und fragte ihn lächelnd, an was er gerade denke.

Aber das könne er ihr wirklich schlecht verraten, sagte er und fügte hinzu: »Demnächst einmal.«

›Schwierigkeiten, Schwierigkeiten‹, dachte Mr. Wilkins, als er das hörte, und rieb sich im Geiste die Hände. ›Nun, ich bin ihr Mann.‹

»Ich bin überzeugt«, sagte Mrs. Fisher freundlich, »Sie denken nicht etwas, was wir nicht hören dürfen.«

»Ich bin überzeugt«, sagte Briggs, »daß ich Ihnen in einer Woche alle meine Geheimnisse erzähle.«

»Sie würden sie jemandem anvertrauen, bei dem sie sicher aufgehoben sind«, sagte Mrs. Fisher wohlwollend; genau so einen Sohn hätte sie gern gehabt. »Und ich meinerseits«, fuhr sie fort, »würde Ihnen garantiert meine erzählen.«

»O nein«, sagte Mr. Wilkins und paßte sich diesem leichten Ton von *badinage* an, »da muß ich protestieren. Ernsthaft. Ich habe Priorität, ich bin der ältere Freund. Ich kenne Mrs. Fisher seit zehn Tagen, und Sie, Briggs, kennen Sie nicht einmal einen. Ich bestehe auf meinem Recht, als erster ihre Geheimnisse zu erfahren. Das heißt«, fügte er hinzu und verbeugte sich galant, »wenn sie welche hat, was ich, mit Verlaub gesagt, bezweifle.«

»Oh, nicht doch!« rief Mrs. Fisher aus, jenes Gefühl des Aufgrünens im Sinn. Daß sie überhaupt etwas ausrief, war überraschend, daß sie es aber auch noch fröhlich tat, war schon erstaunlich. Rose konnte sie nur mit Verwunderung betrachten.

»Dann werde ich Ihnen die Geheimnisse entlokken«, sagte Briggs mit gleicher Fröhlichkeit.

»Das ist gar nicht nötig«, sagte Mrs. Fisher. »Ich habe Mühe, nicht damit herauszuplatzen.«

So hätte auch Lotty reden können. Mr. Wilkins rückte sein Monokel zurecht, das er für solche

Gelegenheiten bei sich trug, und warf einen prüfenden Blick auf Mrs. Fisher. Rose schaute sie an und mußte gleichfalls lächeln, da Mrs. Fisher sehr amüsiert schien, obwohl Rose nicht genau wußte, warum, und ihr Lächeln war ein klein wenig unsicher, denn eine amüsierte Mrs. Fisher war ein völlig neuer Anblick, fast etwas Erhabenes, und es galt, sich erst einmal daran zu gewöhnen. Mrs. Fisher dachte gerade daran, wie verdutzt die anderen sein würden, wenn sie ihnen von ihrem so seltsamen und erregenden Gefühl erzählen würde, sie müsse bald in Knospen ausbrechen. Sie würden sie für eine lächerliche alte Frau halten, und genau das hätte sie selbst noch vor zwei Tagen gedacht; aber die Vorstellung vom Knospen wurde ihr langsam vertraut, sie war jetzt schon ganz *apprivoisée*, wie der gute Matthew Arnold zu sagen pflegte. Zweifellos wäre es am schönsten, wenn das Äußere den Gefühlen entsprach, aber angenommen, das ginge nicht – und man konnte nicht alles haben –, wäre es dann nicht besser, sich wenigstens teilweise jung zu fühlen, als ganz alt? Es blieb ihr noch genügend Zeit, sich wieder ganz alt zu fühlen, innerlich wie äußerlich, wenn sie zu ihrem Sarkophag in der Prince-of-Wales-Terrace heimkehrte.

Doch wahrscheinlich hätte es ohne Briggs' Ankunft weiterhin bloß insgeheim in Mrs. Fisher gegärt. Die anderen kannten sie nur von ihrer strengen Seite. Sich mit einem Mal entspannt zu geben wäre mehr gewesen, als ihre Würde zulassen konnte, vor allem den drei jungen Frauen gegenüber. Aber da erschien der unbekannte Briggs, ein Unbekannter, der sich gleich zu ihr hingezogen fühlte, wie noch nie ein junger Mann zuvor im Leben, und es war Briggs' Erscheinen, seine ehrliche und offenkundige Wertschätzung für sie – denn genau so eine Großmutter, dachte Briggs, den es nach Familienleben mit allem Drum und Dran hungerte, hätte er gern gehabt –, die Mrs. Fisher aus ihrem Schneckenhaus hervorlockte; und hier war sie endlich, wie Lotty vorausgesagt hatte: zufrieden, gutgelaunt und wohlwollend.

Als Lotty eine halbe Stunde später von ihrem Picknick zurückkam und dem Stimmengewirr im oberen Garten in der Hoffnung folgte, noch Tee zu bekommen, merkte sie sofort, was passiert war, denn Mrs. Fisher lachte gerade auf.

›Sie hat ihren Kokon zerrissen‹, dachte Lotty; und rasch wie in all ihren Bewegungen, impulsiv und ohne Sinn für das Schickliche, der ihr hätte Einhalt gebieten können, beugte sie sich über Mrs. Fishers Stuhlrücken und küßte sie.

»Du meine Güte!« rief Mrs. Fisher aus und fuhr zusammen, denn dergleichen war ihr seit der ersten Zeit mit Mr. Fisher nicht mehr widerfahren, und auch da nur mit größter Vorsicht. Dieser Kuß gerade eben war ein richtiger Kuß, und er haftete einen Augenblick lang auf Mrs. Fishers Wange mit einer ungewohnten und angenehmen Süße.

Als sie sah, von wem er stammte, überzog sich ihr Gesicht mit einem tiefen Rot. Mrs. Wilkins hatte sie geküßt, und der Kuß war so liebevoll ... Selbst wenn sie es gewollt hätte, sie konnte in Anwesenheit von Mr. Briggs, der sie schätzte, nicht zu ihrer früheren Strenge zurückkehren und wieder mit Verweisen beginnen; aber sie wollte es auch gar nicht. War es möglich, daß Mrs. Wilkins sie leiden konnte, sie die ganze Zeit über hatte leiden können, wohingegen sie selbst sie nicht hatte leiden können? Ein ungewohnter Hauch von Wärme durchdrang den Cordon sanitaire um Mrs. Fishers Herz. Jemand Junges küßte sie, jemand Junges *wünschte* sie zu küssen ... Errötet blickte sie dieses seltsame Geschöpf an, diese Mrs. Wilkins, der offensichtlich nicht bewußt war, was sie da Außergewöhnliches getan hatte, und die gerade Mr. Briggs die Hand schüttelte, da ihr Mann sie mit ihm bekannt machte, und gleich ein freundschaftliches Gespräch mit ihm begann, als hätte sie ihn ihr Leben lang gekannt. Wahrlich, was für ein seltsames Geschöpf. Es wäre durchaus normal, daß man es bei soviel Seltsamkeit womöglich falsch beurteilt hatte ...

»Gewiß möchten Sie Tee«, sagte Briggs mit dem Eifer eines Gastgebers zu Lotty. Er fand sie entzückend, einschließlich ihrer Sommersprossen, ihrer Picknick-Aufgelöstheit und allem. Genau so eine Schwester hätte er ...

»Der ist kalt«, sagte er, als er die Teekanne berührte. »Ich werde Francesca bitten, Ihnen neuen ...«

Er brach ab und wurde rot. »Ich falle wohl aus der Rolle«, sagte er lächelnd und blickte in die Runde.

»Ganz natürlich, ganz natürlich«, beruhigte Mr. Wilkins ihn.

»Ich sage es Francesca«, erbot sich Rose und stand auf.

»Nein, nein«, sagte Briggs. »Gehen Sie nicht.« Und er legte die Hände an den Mund und rief laut: »Francesca!«

Sie kam angerannt. Keiner Aufforderung war nach allgemeinem Erinnern so rasch Folge geleistet worden.

»Her Master's Voice«, bemerkte Mr. Wilkins; treffend, wie er fand.

»Mach frischen Tee«, ordnete Briggs auf italienisch an. »Subito ...« Und als ihm wieder seine Rolle einfiel, errötete er von neuem und bat sie alle um Entschuldigung.

»Ganz natürlich, ganz natürlich«, beruhigte Mr. Wilkins ihn.

Briggs erklärte Lotty dann, was er bereits zweimal zuvor getan hatte, einmal Rose und das zweite Mal den beiden anderen, daß er auf dem Weg nach Rom sei und gedacht habe, er könne doch in Mezzago unterbrechen und einfach so mal nachschauen, ob sie es bequem hätten, und am nächsten Tag dann seine Reise fortsetzen, wobei er in einem Hotel in Mezzago übernachten wollte.

»Aber das ist lächerlich«, sagte Lotty. »Sie müssen selbstverständlich hierbleiben. Das ist Ihr Castello. Da gibt es Kate Lumleys Zimmer«, fügte sie hinzu und wandte sich an Mrs. Fisher. »Sie hätten doch nichts dagegen, wenn Mr. Briggs es für eine Nacht benutzt?« sagte sie. »Kate Lumley ist nämlich«, sie wandte sich wieder an Briggs, »nicht *drinne*« und lachte.

Und zu ihrer großen Überraschung lachte auch Mrs. Fisher. Sie wußte, daß ihr zu jeder anderen Zeit diese Bemerkung als äußerst ungehörig vorgekommen wäre, jetzt hielt sie die nur für komisch.

Aber nicht doch, versicherte sie Briggs, Kate Lumley befinde sich nicht in besagtem Zimmer. Glücklicherweise, denn sie sei eine ungemein umfangreiche Person und das Zimmer ungemein eng. Kate Lumley könnte da zwar hineinpassen, aber mehr nicht. Wäre sie erst einmal drin, würde sie es so ausfüllen, daß sie wahrscheinlich nie wieder herauskäme. Es stehe ganz zu Mr. Briggs' Verfügung, und sie hoffe, er werde nicht so etwas Absurdes tun, wie in ein Hotel zu gehen: er, der Eigentümer dieses Anwesens.

Rose lauschte dieser Rede mit vor Staunen geweiteten Augen. Mrs. Fisher lachte viel, während sie sprach. Lotty lachte auch viel, und am Ende der Rede beugte sie sich hinunter und küßte sie wieder; küßte sie mehrmals.

»Sie sehen also, mein lieber Junge«, sagte Mrs. Fisher, »Sie müssen hierbleiben und uns allen eine große Freude machen.«

»Ja, wirklich, eine große Freude«, bekräftigte Mr. Wilkins nachdrücklich.

»Eine richtig große Freude«, wiederholte Mrs. Fisher und sah wie eine zufriedene Mutter aus.

»Bitte«, sagte Rose, als Briggs sich mit fragendem Blick an sie wandte.

»Wie freundlich von Ihnen allen«, sagte er, wobei sein Gesicht sich zu einem breiten Lächeln verzog. »Ich wäre sehr gern Gast hier. Was für ein neues Gefühl. Und mit drei solchen ...«

Er brach ab und schaute umher. »Sagen Sie«, fragte er, »müßte ich nicht noch eine vierte Gastgeberin haben? Francesca sprach von vier Herrinnen.«

»Ja. Es fehlt noch Lady Caroline«, sagte Lotty.
»Sollten wir dann nicht erst einmal herausfinden, ob sie mich auch einlädt?«
»Oh, aber sie ist sicher ...«, begann Lotty.
»Die Tochter der Droitwiches, Briggs«, sagte Mr. Wilkins, »läßt es gewiß nicht an der gebührenden Gastfreundschaft fehlen.«
»Die Tochter der ...«, wiederholte Briggs; aber er verstummte, denn dort am Eingang war sie selbst, die Tochter der Droitwiches; vielmehr kam aus dem Dunkel des Eingangs zu ihm heraus in den Glanz des Sonnenuntergangs das, was er noch nie in seinem Leben erblickt, wohl aber erträumt hatte: sein Ideal vollkommener Schönheit.

FRANCES GREENSLADE

Der Duft des Regens

Vern und ich waren auf dem Highway unterwegs, Richtung Westen. Der Mond war eine blasse Oblate, die am dämmrigen Himmel nach und nach an Helligkeit gewann. Vor uns öffnete sich die Straße, zog sich bis zum Horizont, ein flaches graues Band zwischen kahlen braunen Feldern. Es war Frühling im Chilcotin, aber alles war noch braun, wartend. Vielleicht würde es regnen. Vielleicht sogar heute Nacht. Eine Wolkenwand türmte sich auf, Purpur auf Grau auf Dunkelblau.

Vern trug einen kleinen Seesack über der Schulter, wie ein Landstreicher. Ich hatte nichts dabei, nur meine weiche blauschwarze Flanelljacke, die Taschen vollgestopft mit Kleenex, Dads Klappmesser mit dem Perlmuttgriff, vier Schokoriegeln und einer Packung Streichhölzer. Froschgequake erfüllte die Luft, in Wellen an- und abschwellend. Überall entlang der Straße erhob sich ihr Chor, verstummte dann, wenn sie unsere Schritte auf dem Schotter hörten, und sobald wir vorüber waren, begannen sie von Neuem mit ihrem schrillen, drängenden und munteren Gesang.

Es war mir egal, dass innerhalb einer Stunde nur zwei Autos an uns vorbeigefahren waren. Es war mir auch egal, dass wir uns, als das erste näher kam, nicht entscheiden konnten, wer von uns den Arm raushalten sollte oder ob wir ihn beide raushalten sollten und ob der Daumen wirklich wie ein Haken hochgebogen sein musste, wenn wir den Wagen anhalten wollten, oder ob die flache Hand genügte. Wir brachen beide vor Lachen zusammen, und ich machte mir fast in die Hose und musste schnell in die Büsche verschwinden. Der zweite Wagen, ein Pick-up, der bis oben hin mit Heu beladen war, bremste ab, bevor wir uns überhaupt von dem ersten erholt hatten. Der Fahrer, der zwischen drei weiteren Mitfahrern eingepfercht war, hob entschuldigend die Hände vom Steuer und fuhr weiter.

Eine übermütige Fröhlichkeit war in mir hochgestiegen wie der Froschgesang. Ich war glücklich. Glücklich, dass meine Turnschuhe neben Vern an dieser endlosen breiten Straße entlangknirschten, dass meine Jacke warm war, dass sich der Tau über die Felder senkte und die Dämmerung von einem erdigen Geruch nach Frühling erfüllt war.

Meine Schulter stieß gegen Verns. »'tschuldigung«, sagte ich.

»Pass gefälligst auf, wo du hinlatschst!«, entgegnete er. »Willst du mich umbringen? Guck dir diesen Wahnsinnsverkehr an! Das reinste Todesrennen da draußen!«

Genau in dem Moment tauchte ein Paar Scheinwerfer aus einer Senke auf, und wir brachen wieder vor Lachen zusammen.

»Schluss jetzt, Maggie, reiß dich zusammen«, sagte Vern. Er holte seine Taschenlampe heraus, richtete sich auf und wandte sich dem näher kommenden Auto zu. »Wir brauchen jemanden, der uns mitnimmt, sonst schaffen wir es heute nicht mehr bis Nistsun.« Ich stellte mich hinter ihn, und wir streckten beide den Arm aus, dann drehte er sich zu mir, um meine Haltung zu prüfen. Nach einem beifälligen Nicken wandte er sich wieder den Scheinwerfern zu. Im gleichen Moment sprangen unsere Daumen nach oben.

Das Auto kam in solchem Tempo auf uns zu, dass der Schotter aufspritzte. »Meinst du, die sehen uns?«, fragte ich. Vern schüttelte seine Taschenlampe, die immer wieder flackerte. Vom Tageslicht war nur noch ein trüber Schimmer übrig. Ich wich Richtung Feld zurück, weil ich Angst hatte, überfahren zu werden. Das Auto machte einen rasanten Schwenker zur Seite und hielt schlitternd ein paar Meter hinter uns an. Aus den offenen Fenstern dröhnte Led Zeppelins *Rock and Roll.* Als der Staub sich senkte, schob sich ein bleichgesichtiger Junge mit zotteligen blonden Haaren aus dem Fenster an der Beifahrerseite und ließ die Arme an der dreckigen Tür herunterhängen. »He, ihr zwei, wollt ihr mitfahren?«
»Ja«, sagte Vern und trat ein paar Schritte vor.
»Wo soll's denn hingehen?«
»Nach Nistsun Lake.«
»Nistsun?« Der blasse Junge fing an zu kichern. »Mann, da habt ihr aber noch was vor euch.«
Der Fahrer lehnte sich hinüber und rief: »Wir fahren nur bis Duchess Creek.« Vern und ich beugten uns hinunter, um ihn anzusehen. Er hatte einen Flachmann in der Hand, trank einen kräf-

tigen Schluck und wischte sich über den Mund. »Glaube ich zumindest«, fügte er hinzu. Beide fingen wieder an zu kichern. Als ich den Namen Duchess Creek hörte, machte mein Herz einen Satz, aber mit den beiden Typen würde ich nirgendwohin fahren.

»Ihr könnt den Kram da hinten beiseiteschieben«, sagte der Fahrer, als er wieder zu Atem kam. Das Auto war ein schwarzer Mustang Fastback, und auf dem Rücksitz lagen Kassetten, diverse Kleider und Decken und zerknüllte Chipstüten herum.

Vern sah mich an.

»Ich glaube, ich gehe lieber zu Fuß«, sagte ich, und zwar laut und deutlich.

Das brachte das Bleichgesicht wieder zum Lachen, wobei er sich verschluckte und anfing zu husten und mit der Hand auf das Armaturenbrett schlug. Der Fahrer zögerte, unsicher, ob er beleidigt sein sollte oder nicht, dann fing er ebenfalls an zu lachen. Es war ein schrilles, mädchenhaftes Kichern, das Vern und mich prompt ansteckte.

»Sie ist ehrlich!«, grölte das Bleichgesicht. »Das muss man ihr lassen! Sie ist ehrlich.«

»Seid ihr sicher?«, fragte der Fahrer und legte den Gang ein. »Das ist ein langer Fußmarsch ...«
Vern winkte ab.
»Wirklich nicht? Letzte Chance!«, rief das Bleichgesicht aus dem Fenster, während sie schlingernd wieder auf die Straße fuhren.
Vern hielt sich die Taschenlampe unters Kinn, sodass sie sein Gesicht beleuchtete. »Margaret, Margaret«, sagte er mit einer ziemlich gelungenen Imitation von Beas Stimme »Du bist ein unhöfliches Mädchen. Außerdem war das ein supercooles Auto.«
Wir hörten ein dunkles Grummeln und dachten, es käme wieder ein Auto. Doch das Geräusch verklang, wurde dann wieder lauter und schien näher zu kommen. »Es donnert!«, sagten wir beide gleichzeitig. Ich sah hoch. Das weiße Gesicht des Mondes war halb von brodelnden Wolken verdeckt.
»Das gibt 'ne Dusche«, sang Vern leise.
Der Donner spaltete den Himmel mit einem markerschütternden Krachen. Ein kurzer weißer Blitz beleuchtete Vern und mich und das Band der Straße. Er packte mich am Arm.

»Komm. Wir müssen uns beeilen«, sagte er.
Ich lachte. »Was soll das nützen?«
»Je schneller wir gehen, desto weniger Tropfen können uns treffen.«
»Das stimmt nicht. Wenn überhaupt, dann andersrum.« »Lass uns einfach schneller gehen«, sagte er.
»Du hast Angst!«
Der Donner grollte erneut, dann explodierte er genau über uns, so heftig, dass der Boden bebte. Vern schrie auf und fing an zu rennen. Ich musste so lachen, dass ich kaum hinterherkam. Der Schrei hallte hinter ihm her, und als die ersten dicken Tropfen fielen, wedelte er theatralisch mit den Armen.
»Wessen Idee war das Ganze überhaupt?«, rief ich.
»Wer war sich zu fein, unsere einzige Mitfahrgelegenheit zu nutzen?«, rief Vern zurück.
»Ein bisschen Regen bringt uns nicht um.«
»Mag sein, aber ich hab keine Lust, vom Blitz getroffen zu werden.« Vern lief jetzt seitwärts über die Straße, in großen, übergekreuzten Schritten. »Wenn wir in dem Auto säßen, bräuchten wir uns

keine Sorgen zu machen. Wegen der Gummireifen.«
»Wir bräuchten uns keine Sorgen zu machen, weil wir längst im Graben lägen! Schön tief unten.«
Ich holte Vern ein, und wir hörten auf zu laufen. Der Regen, der mittlerweile auf uns niederprasselte, war eisig und durchnässte uns bis auf die Knochen. Alles, was wir jenseits der Straße sehen konnten, war tintenschwarze Finsternis. Wir hatten keine Ahnung, wie weit wir von irgendeiner Art Unterschlupf entfernt waren. Wenn wir eine Tanne mit tief hängenden Ästen finden könnten, wären wir darunter einigermaßen geschützt. Und wir könnten ein paar Zweige auf dem Boden auslegen, für den Fall, dass der Regen doch hindurchdrang. Aber die Blitze wären eine Gefahr. Und ich wusste auch nicht, wie man bei so einem Guss ein Feuer in Gang kriegen sollte. In diesem Moment erschien mir eine Tankstelle oder ein Restaurant wesentlich verlockender. Vern und ich gingen immer dichter nebeneinanderher, bis wir mit den Armen aneinanderstießen und uns mehrfach entschuldigten.
Der Donner begann sich gerade zu entfernen, da

hörte ich wieder ein Grummeln. »Ich glaube, diesmal ist es ein Auto«, sagte ich.
Und tatsächlich sahen wir ein Scheinwerferpaar, noch weit entfernt und durch den Regen verschwommen.
»Die sehen uns bestimmt nicht«, sagte Vern, aber er knipste trotzdem seine Taschenlampe an und hielt sie in die Richtung des Autos. Sie ging aus, er schüttelte sie, sie ging wieder an, flackerte aber nur noch matt. Das Auto kam langsam auf uns zu. Runde Scheinwerfer. Hoch. Ein Pick-up. Er fuhr vorsichtig. Die Taschenlampe ging wieder aus, und als Vern sie erneut schüttelte, reagierte sie nicht mehr.
»Na super«, brummte er.
»Es ist ein Pick-up«, sagte ich. Wir winkten mit beiden Armen.
»Ein Ford«, sagte Vern. »Das ist Onkel Leslie.«
»Oh.« Als der Wagen neben uns anhielt, fragte ich ihn: »Kriegst du jetzt Ärger?«
Vern lachte.
Onkel Leslie beugte sich herüber und kurbelte das Beifahrerfenster herunter. »Na, was haben wir denn da für zwei nasse Katzen?«

Ich sah zu Vern. Im Stillen war ich heilfroh, Onkel Leslie zu sehen. Vern öffnete die Tür.

»Willst du in die Mitte?«, fragte er mich.

»Von mir aus«, erwiderte ich, bemüht, mir meine Erleichterung nicht anmerken zu lassen.

»Ich mache wohl besser die Heizung an, was?«, sagte Onkel Leslie. »Ihr seid ja völlig durchnässt. Morgen muss ich erst mal mein Auto auswringen.«

Vern zog die Beifahrertür zu, und wir waren drinnen. Aus den Heizschlitzen pustete warme Luft, und im Radio lief *Heartaches by the Number.* Ich fing heftig zu zittern an.

Onkel Leslie schüttelte den Kopf, während er den Wagen wendete.

»Wann immer du nach Nistsun Lake willst, fahre ich dich hin. Aber nicht heute Abend.« [...]

Wir fuhren im prasselnden Regen gen Osten, zurück nach Williams Lake.

[...]

Im Wohnwagen war es schummrig; das einzige Licht kam von den orangeroten Kugeln der Stehlampe neben dem Sofa. Unter der Spüle fand ich einen Lappen, mit dem ich die Pfütze aufwischte, die ich hinterlassen hatte. Onkel Leslie gab mir ein flauschiges gelbes Handtuch, eine von Verns Jeans, ein weiches Flanellhemd und Wollsocken.

[...]

»Es ist hart, wenn die Mutter nicht bei einem ist«, sagte Onkel Leslie ruhig. »In manchen Familien ist das halt so. Dafür gibt es alle möglichen Gründe. Für euch ist das nicht leicht. Wenn der Vater fort ist, das ist etwas anderes. Damit findet man sich irgendwann ab. Aber die Mutter – das ist ein Schmerz, der nicht wieder weggeht. Ich weiß, wie das ist.«

Er schwieg einen Moment. »Ihr müsst stark sein, und zwar für euch selbst. Redet in Gedanken mit ihr. Sagt ihr, wie ihr euch fühlt. Und denkt nicht, ihr wärt schuld daran, weil ihr etwas Falsches getan hättet. Das ist nie der Fall.«

Vern und ich schauten ins Feuer und nippten an unserer heißen Schokolade. Die Stille war nicht unangenehm. Nach einer Weile fragte Onkel Leslie: »Und, hat euch jemand mitgenommen?«

»Den Einzigen, der angehalten hat, wollte Maggie nicht.«

»Warum nicht?«

»Der Kerl war betrunken«, sagte ich. »Bei dem wäre ich auf keinen Fall eingestiegen.«

»Gut gemacht! Sehr gut!«

»Sie hat gesagt: ›Ich gehe lieber zu Fuß.‹ Ganz höflich und direkt.« Vern warf den Kopf in den Nacken und lachte.

»Du wirst es noch weit bringen, Maggie«, sagte Onkel Leslie, trank den Rest aus seinem Becher und stand auf. Ich wusste nicht so recht, was er damit meinte, aber seine Worte blieben mir im Gedächtnis, und später kramte ich sie manchmal hervor, wenn ich das Gefühl hatte, dass ich sie brauchte.

ANTHONY HOROWITZ

Das Geheimnis des weißen Bandes

»Die Grippe ist unangenehm«, sagte Sherlock Holmes. »Aber Sie haben vollkommen recht: Mit der Hilfe Ihrer Gemahlin wird das Kind schnell wieder zu Kräften kommen.«

»Das hoffe ich sehr«, erwiderte ich, dann hielt ich inne und starrte ihn mit aufgerissenen Augen an. Ich hatte meine Tasse schon zum Mund geführt, aber jetzt stellte ich sie so abrupt wieder hin, dass der Tee fast herausgeschwappt und die Untertasse vom Tisch gerutscht wäre. »Aber jetzt haben Sie wirklich Gedanken gelesen!«, rief ich. »Wie, um Himmels willen, haben Sie das gemacht, Holmes? Ich schwöre, ich habe weder über das Kind noch über seine Krankheit auch nur ein Wort verloren. Sie wissen, dass meine Frau verreist ist – das konnten Sie vermutlich schon daraus schließen, dass ich hier anwesend bin. Aber ich habe keinerlei Gründe für ihre Abwesenheit genannt, und ich denke, auch mit meinem Verhalten habe ich Ihnen keinerlei Hinweis darauf gegeben.«

Es war einer der letzten Novembertage des Jahres 1890, als dieser Wortwechsel stattfand. Ein gnadenloser Winter hatte London im Griff, auf den Straßen war es so kalt, dass sogar die Gaslaternen wie gefroren erschienen, und das wenige Licht, das sie spendeten, wurde vom ewigen Nebel geschluckt. Vor dem Fenster trieben die Passanten wie Geister über das Pflaster, mit gesenkten Köpfen und fest umhüllten Gesichtern, während die endlose Kolonne schwarzer Kutschen vorbeiratterte, deren Zugpferde eilig zum heimischen Stall strebten. Ich war froh, in diesem warmen Zimmer zu sitzen, wo ein Feuer im Kamin flackerte, wo der vertraute Duft von Pfeifentabak in der Luft hing und wo – bei allem Durcheinander verschiedenster Gegenstände, mit denen mein Freund sich umgab – doch stets das Gefühl herrschte, dass alles am rechten Fleck war.

Ich hatte Holmes telegrafiert, dass ich gern für ein paar Tage mein altes Zimmer wieder beziehen würde, und war sehr erleichtert, als er mir umgehend mitteilte, dass dem nichts entgegenstünde. Meine Praxis konnte eine Weile ohne mich auskommen. Und eine Zeitlang würde ich Strohwitwer sein. Insgeheim war mir aber auch daran gelegen, bei meinem Freund Wache zu halten, bis er gänzlich wieder genesen war. Denn Holmes hatte drei Tage und drei Nächte gehungert und auch kein Wasser zu sich genommen, um einem besonders üblen, rachsüchtigen Schurken den Eindruck zu vermitteln, dass er, Holmes, nicht mehr lange zu leben hätte und dem Tod nahe sei. Die List hatte ihren Zweck auf triumphale Weise erfüllt, und der besagte Verbrecher befand sich jetzt in den fähigen Händen von Inspektor Morton von Scotland Yard. Dennoch war ich in Sorge wegen der großen gesundheitlichen Belastung, die Holmes auf sich genommen hatte, und hielt es für angezeigt, ihn im Auge zu behalten, bis sein Stoffwechsel ganz wiederhergestellt war.

Ich war deshalb außerordentlich glücklich, als ich ihn dabei beobachtete, wie er sich einen großen Teller Scones mit Veilchenhonig und Sahne sowie ein Stück Rührkuchen und heißen Tee einverleibte, die uns Mrs. Hudson serviert hatte. Holmes war offensichtlich auf dem Weg der Besserung, er lag gemütlich in seinem großen Ledersessel, die Füße ausgestreckt vor dem Kamin und bekleidet mit seinem Morgenrock. Er war schon immer von ausgeprägt schlanker Statur, ja beinahe ausgemergelt gewesen, und seine scharfen Augen schienen durch die Adlernase noch schärfer zu werden, aber zumindest war jetzt schon etwas Farbe in seinem Gesicht, und seine Stimme und seine Haltung zeigten, dass er in jeder Hinsicht fast wieder der Alte war.

Er hatte mich herzlich begrüßt, und als ich ihm jetzt gegenübersaß, hatte ich das eigenartige Gefühl, aus einem Traum aufzuwachen. Es war, als hätte es die letzten zwei Jahre nie gegeben, als hätte ich meine geliebte Mary weder kennengelernt noch geheiratet und wäre auch nicht in das Haus in Kensington eingezogen, das ich durch den Verkauf der Agra-Perlen hatte erwerben können. Es schien, als wäre ich noch immer der Junggeselle, der hier bei Holmes gewohnt und regelmäßig den Nervenkitzel einer Verbrecherjagd und die allmähliche Entwirrung eines neuerlichen Geheimnisses mit ihm geteilt hatte.

Ich hatte den Eindruck, dass es ihm auch ganz recht war. Holmes sprach selten über die neue Häuslichkeit, die ich mir geschaffen hatte. Zum

Zeitpunkt meiner Eheschließung war er verreist gewesen, und ich hatte mich schon damals gefragt, ob das wohl nur Zufall war. Es war nicht so, dass meine Ehe ein gänzlich verbotenes Thema zwischen uns war, aber es gab doch eine Art stillschweigende Übereinkunft, die Gespräche darüber nicht allzu sehr in die Länge zu ziehen. Mein Glück und meine Zufriedenheit blieben Holmes nicht verborgen, und er war großzügig genug, sie mir nicht zu missgönnen. Als ich eingetroffen war, hatte er sich nach Mrs. Watson erkundigt, aber keine weiteren Informationen erbeten, und ich hatte auch keine gegeben. Das alles machte seine zielsichere Bemerkung noch rätselhafter.

»Sie schauen mich an, als ob ich ein Hellseher wäre«, sagte Holmes lachend. »Ich nehme an, Sie haben die Werke von Edgar Allan Poe nicht zur Gänze gelesen?«

»Sie sprechen von seinem Detektiv, Auguste Dupin?«

»Er benutzte eine Methode, die er *Ratiocination* – Schlussfolgern – nannte. Seiner Ansicht nach war es möglich, die innersten Gedanken eines Menschen zu lesen, ohne dass er auch nur den Mund öffnen muss. Es konnte alles durch einfache Analyse seines Verhaltens erschlossen werden, das Zucken einer Augenbraue zum Beispiel. Die Idee beeindruckte mich damals sehr, aber ich glaube mich zu entsinnen, dass Sie eher skeptisch waren.«

»Und dafür muss ich jetzt sicher büßen«, bestätigte ich. »Aber wollen Sie mir wirklich weismachen, dass Sie auf Grund meines Benehmens beim Verzehr von Teegebäck auf die Krankheit eines Kindes schließen konnten, das Sie nicht einmal kennen?«

»Das und noch einiges andere«, erwiderte Holmes. »Ich konnte feststellen, dass Sie gerade vom Holborn Viaduct kommen. Sie haben Ihr Haus zwar in großer Eile verlassen, den Zug aber letzten Endes dann doch verpasst. Vielleicht hat es damit zu tun, dass Sie derzeit kein Hausmädchen haben.«

»Nein, Holmes!«, rief ich. »Das kann ich mir nicht bieten lassen!«

»Hab ich denn unrecht?«

»Nein, was Sie sagen, stimmt hundertprozentig. Aber wie ist das möglich ...?«

»Alles eine Frage der Beobachtung und der entsprechenden Schlussfolgerungen. Wenn ich es Ihnen erläutern würde, erschiene alles geradezu kindisch einfach.«

»Und doch muss ich darauf bestehen, dass Sie genau das tun.«

»Nun denn, da Sie so freundlich waren, mir diesen Besuch abzustatten, muss ich mich wohl revanchieren«, erwiderte Holmes mit einem unterdrückten Gähnen. »Lassen Sie uns mit den Umständen beginnen, die Sie hierhergeführt haben. Wenn ich mich recht entsinne, steht bald Ihr zweiter Hochzeitstag an, nicht wahr?«

»In der Tat, Holmes. Der Jahrestag ist übermorgen.«

»Dann ist dies eine ungewöhnliche Zeit, um sich von Ihrer Frau zu trennen. Wenn Sie also beschlossen haben, Ihren Aufenthalt bei mir zu nehmen, und das auch noch für längere Zeit, dann muss es einen zwingenden Grund für Ihre Frau geben, Sie gerade jetzt allein zu lassen. Und welcher könnte das sein? Wenn ich mich recht entsinne, kam die ehemalige Miss Mary Morstan aus Indien nach England und hatte hier weder Familie noch Freunde. Sie wurde als Gouvernante angestellt, um sich der Erziehung des Sohnes von Mrs. Cecil Forrester aus Camberwell zu widmen, und aus diesem Grund haben Sie, wie Sie natürlich am besten wissen, ja auch ihre Bekanntschaft gemacht. Mrs. Forrester hat sich ihr gegenüber sehr nobel verhalten, besonders als es ihr schlecht ging, und ich könnte mir vorstellen, dass die beiden noch heute befreundet sind.«

»Das ist tatsächlich der Fall.«

»Wenn also jemand Ihre Frau von zu Hause wegruft, dann ist es sehr wahrscheinlich, dass es Mrs. Forrester ist. Ich habe mich daher gefragt, was für Gründe sich hinter so einer Vorladung verbergen könnten, und bei dem derzeitigen kalten Wetter fällt einem natürlich als Erstes eine Erkrankung ein – und zwar die eines Kindes. Wenn Mrs. Foresters Sohn also krank wäre, könnte ihm die Anwesenheit seiner früheren Gouvernante sehr viel Trost spenden.«

»Sein Name ist Richard, und er ist neun Jahre alt«, gab ich zu. »Aber wieso sind Sie sich so sicher, dass es die Grippe ist und keine viel ernstere Krankheit?«

»Wenn es ernster wäre, hätten Sie gewiss darauf bestanden, den Jungen selbst in Augenschein zu nehmen.«

»Ihre Überlegungen sind bis dahin in jeder Hinsicht logisch«, sagte ich. »Aber sie erklären nicht, woher Sie wussten, dass sich meine Gedanken genau in dem Moment auf den Jungen gerichtet hatten, als Sie Ihre einleitende Feststellung trafen.«

»Sie vergeben mir hoffentlich, wenn ich Ihnen sage, dass Sie wie ein offenes Buch für mich sind, lieber Watson, und dass Sie mit jeder Lebensregung eine weitere Seite aufschlagen. Als Sie da so Ihren Tee tranken, sah ich, wie Ihre Blicke auf die Zeitung fielen, die neben Ihnen auf dem Tisch liegt. Sie lasen die Schlagzeile und drehten die Zeitung dann aufs Gesicht. Warum? Ich hatte sofort den Verdacht, dass es der Bericht über das Zugunglück letzte Woche in Norton Fitzwarren war, was Sie beunruhigte. Die ersten Untersuchungsergebnisse über den Tod der zehn Passagiere sind heute veröffentlicht worden, und das war verständlicherweise das Letzte, was Sie lesen wollten, nachdem Sie Ihre Frau gerade zum Bahnhof gebracht hatten.«

»Der Bericht hat mich tatsächlich an ihre Reise erinnert«, musste ich zugeben. »Aber die Krankheit des Jungen?«

»Von der Zeitung glitten Ihre Augen zu der Stelle neben dem Schreibtisch hin, wo Sie früher immer Ihre Arzttasche abgestellt haben, und Sie haben gelächelt. Da war ich mir sicher, dass die Reise Ihrer Frau mit einer Erkrankung zu tun haben musste.«

»Das sind doch alles Spekulationen, Holmes«, sagte ich. »Zum Beispiel nennen Sie Holborn Viaduct. Es hätte doch auch jeder andere Bahnhof in London sein können.«

»Sie wissen, dass ich Spekulationen verabscheue. Es ist zwar manchmal nötig, verschiedene Indizien mit Hilfe der Vorstellungskraft zu verknüpfen, aber das ist etwas völlig anderes. Mrs. Forrester wohnt in Camberwell, und die London Chatham & Dover Railway fährt regelmäßig in Holborn Viaduct ab. Ich hätte deshalb diesen Bahnhof auch dann als logischen Ausgangspunkt angesetzt, wenn Sie mir mit Ihrem Koffer, den Sie an der Tür abgestellt haben, keinen entscheidenden Hinweis gegeben hätten. Von meinem Sessel aus kann ich aber sehr deutlich den Anhänger von der Gepäckaufbewahrung in Holborn Viaduct sehen, der am Handgriff befestigt ist.«

»Aha. Und der Rest?«

»Die Tatsache, dass Sie Ihr Dienstmädchen eingebüßt und Ihr Haus in großer Eile verlassen haben? Die Spuren von schwarzer Schuhwichse an Ihrer Manschette sind ein klarer Beweis für diese Punkte. Sie haben sich selbst die Schuhe geputzt und waren dabei etwas sorglos. Obendrein haben Sie in der Eile Ihre Handschuhe vergessen –«

»Mrs. Hudson hat mir den Mantel abgenommen. Sie hätte auch meine Handschuhe nehmen können.«

»Wenn sie das getan hätte, warum sind dann Ihre Finger so kalt gewesen, als Sie mir die Hand gaben? Nein, Watson, Ihr gesamter Auftritt weist auf Verwirrung und Unordnung hin.«

»Alles, was Sie sagen, ist richtig«, musste ich zugeben. »Aber eine Frage habe ich doch noch. Wieso waren Sie sich so sicher, dass meine Frau den Zug verpasst hat?«

»Als Sie hier eintrafen, ist mir an Ihren Kleidern ein starker Geruch von Kaffee aufgefallen. Das war bemerkenswert; denn warum hätten Sie Kaffee trinken sollen, kurz bevor Sie zum Tee zu mir kamen? Die logische Schlussfolgerung war, dass Sie den Zug verpasst hatten und deshalb länger mit Ihrer Frau zusammenbleiben mussten, als Sie geplant hatten. Sie haben Ihren Koffer in der Gepäckaufbewahrung aufgegeben und sind mit ihr Kaffee trinken gegangen. Bei Lockhart's vielleicht? Man hat mir gesagt, dort sei er besonders gut.«

Es entstand eine kurze Pause, dann brach ich in Lachen aus. »Nun, Holmes, ich sehe, dass ich mir ganz umsonst Sorgen um Ihre Gesundheit gemacht habe. Sie sind genauso scharfsinnig wie immer.«

»Das war doch ganz elementar«, erwiderte der Detektiv mit einer müden Handbewegung. »Aber jetzt tritt vielleicht etwas Interessanteres auf den Plan. Wenn ich nicht irre, hat es an der Haustür geklingelt ...«

KATE ALCOTT

Ein Koffer voller Träume

Pinky hängte sich den Henkelkorb über die Schulter und verließ auf Zehenspitzen die Wohnung, ohne dem schmutzigen Geschirr Beachtung zu schenken. Nichts war lauter als das Klappern von Tellern beim Spülen. Er schlief noch, und sie wollte weg sein, bevor er aufwachte. An diesem Morgen wollte sie keine Fragen mehr hören. Sie hatte ihn bereits rasiert, was ihm sonst meist gefiel, aber heute war er ungehalten gewesen. Manche Tage waren eben besser als andere. Doch allmählich hatte sie es satt, sich immer wieder damit zu trösten.

»Wo willst du hin?«, rief er.

»Auf den Markt. Es ist Sonntag, hast du das vergessen? Ich hole etwas Obst, Bananen. Die magst du doch gern. Ich bringe auch Zeitungen mit.«

»Komm mal her, Pinky.«

Verflixt. Pinky stellte den Korb ab. Als sie das Zimmer ihres Vaters betrat, spürte sie einen Stich. Er sah so fahl aus.

»Sie zahlen dir nicht viel, nicht wahr.« Es war eher eine Feststellung als eine Frage.
»Es ist ganz in Ordnung.«
»Du kannst mich nicht täuschen ... ich habe gehört, wie du gestern Abend mit dieser Dicken, die eine Krankenschwester zu sein meint, über ihren Lohn verhandelt hast.«
Sie musste unwillkürlich lächeln. »Vielleicht kannst du sie dazu überreden, abzunehmen, dann braucht sie nicht so viel Geld.«
»Sehr witzig.« Seine Stimme war rau, aber freundlich. »Wann bekommst du eine Gehaltserhöhung?«
»Ich habe ein paar gute Artikel in der Schublade, und nächste Woche berichte ich über den Suffragettenmarsch. Bestimmt bekomme ich bald mehr Geld. Sie brauchen mich.«
»Verlass dich nicht zu sehr auf deine eigenen Pressemitteilungen. Das wäre ein großer Fehler.«
Da war es wieder. Immer wollte er ihr Ratschläge erteilen, wie sie ihre Arbeit zu tun hatte. Pinky drehte sich um und ging langsam zur Tür zurück.
»Ich muss jetzt los, sonst sind die besten Sachen schon weg. In Ordnung?«

Er nickte. »Sarah …«
Sie blieb stehen. Sarah rief er sie nur selten.
»Es tut mir leid, mein Kind.«
Beinahe hätte sie kehrtgemacht und ihn auf die Stirn geküsst. Aber ihre Augen brannten jetzt schon.

Tess entdeckte Pinky zuerst. Sie plauderte mit einem Händler, das Haar wehte ihr übers Gesicht. Sie schien sich auf diesem Markt mit seinen bunten Markisen, den Gemüse- und Pfirsichkisten und den Kindern, die um die Röcke ihrer Mütter spielten, genauso wohlzufühlen wie bei den Anhörungen. Sie wirkte freundlich und nett, als wäre sie nicht darauf aus, andere Menschen und ihren Ruf zu zerstören. Tess wandte sich ab.
Zu spät, Pinky kam auf sie zu. »Tess? Lady Duff hat Ihnen wohl einen Tag frei gegeben? Und Sie nutzen ihn für diesen wunderbaren Sonntagsmarkt.« Ihre Stimme klang entspannt, aber unverbindlich. Sie war auf der Hut.
»Warum haben Sie das getan?« Tess hatte sich nicht überlegt, was sie bei ihrer nächsten Begeg-

nung sagen würde. Jetzt platzte es einfach aus ihr heraus.

Pinky war verblüfft. »Was?«

»*Feiger* Baronet? Matrosen *bestochen*, damit sie nicht noch einmal umkehren? Das ist nicht wahr.«

»Ich habe das nicht erfunden«, erklärte Pinky rasch. Sie war beleidigt.

»Aber Sie haben es jemandem geglaubt. Jemandem, der nicht genügend Charakter besaß, seinen Namen unter die Vorwürfe zu setzen. Wer war es?«

»Tess, ich habe es nicht gern, wenn man mich angreift. Jemand vom Schiff hat es mir erzählt ...«

»Ein Seemann?«, fragte Tess bestürzt.

»Wenn Sie es denn unbedingt wissen wollen, ja.«

»Doch nicht etwa Jim Bonney?« Bitte, nicht Jim Bonney.

»Sie meinen den Seemann, der in Sie vernarrt ist? Der das Boot für Sie geschnitzt hat, mit dem Sie so fahrlässig umgegangen sind?«

Jetzt war Tess beleidigt. »Ja«, sagte sie.

»Sie sind ja eine gute Freundin. Ich muss Ihnen überhaupt nichts sagen.« Es war ihr freier Tag. Sie brauchte Gemüse für das Abendessen. Vielleicht würde sie für ihren Vater einen Eintopf kochen, er liebte Zwiebeln. Hier zu stehen und sich beschimpfen zu lassen, das hatte sie nicht nötig.

»Ihnen ging es ja bloß um einen guten Artikel. Es macht Ihnen nichts aus, Leben zu zerstören.« Pinky stellte wütend ihren Korb auf den Boden. Die Blicke der Käufer um sie herum interessierten sie nicht. Außerdem war sie viel zu müde, um diplomatisch zu sein. »Sie stellen sich auf die Seite dieser egozentrischen, selbstzufriedenen Menschen, für die Sie arbeiten, obwohl sie auf alle anderen herabblicken. Sie meinen also, es würde nicht stimmen? Und was haben Sie zu erzählen? Wissen Sie denn, was in dem Boot passiert ist?«

»Sie werden mich nicht in diese Geschichte hineinziehen. Ich war nicht dabei, aber Lucile schwört, dass nichts Schlimmes vorgefallen ist.« Tess bekam kaum Luft. »Warum hassen Sie sie so? Sie führen doch selbst ein privilegiertes Leben. Und die Freiheit, die Sie haben! Sie haben Macht. Warum nutzen Sie sie nicht mit mehr Wohlwollen?«

»Was glauben Sie, was Amerika ist?«, fragte Pinky verwundert. »Ein Paradies, in dem alle so reich sind wie die Duff Gordons? Sie kommen an, sitzen gleich am ersten Abend an einem Tisch voller Kristall und Porzellan und meinen, so wäre das hier überall. Sie glauben anscheinend auch, dass man hier andere Menschen missachten oder ihnen Schaden zufügen kann, ohne dafür zur Rechenschaft gezogen zu werden. Und dann werden Sie wütend, weil ich versuche, die Wahrheit zu sagen?«

»Sie sind so selbstgerecht. An der Wahrheit sind Sie doch gar nicht interessiert.«

»Ich arbeite hart, um den Dingen auf die Spur zu kommen, und versuche, eine gute Reporterin zu sein. *Sie* sind hier die Selbstgerechte. Sind Sie ganz sicher, dass die Duff Gordons nicht versucht haben, die Matrosen zu bestechen?«

Tess gab sich Mühe, ruhig und langsam zu sprechen. »Sie haben ihnen Geld gegeben, aber nicht, um sie zu bestechen, sondern als *Dank* und als

Hilfe. Warum fällt es Ihnen so schwer, das zu glauben? Sind die Duff Gordons deshalb schlecht?«

»Tess, Loyalität kann einen blind machen.«

»Hinter Schlagzeilen her zu sein, auch.«

»Könnte es nicht sein, dass Sie sich irren?«

»Und Sie?«

Sie starrten sich schweigend an. Schließlich sorgte Pinky dafür, dass ihr Gespräch nicht endete.

»Ich bin also privilegiert ... Möchten Sie sehen, wo ich wohne?« Sie nahm Tess' Hand. Tess dachte nicht mehr an den Markt und ließ sich durch eine Straße führen, die an einer schmalen, gewundenen, von kleinen Häusern gesäumten Gasse endete. Stechende Gerüche wehten von den Fenstern herüber, Gerüche nach Kohl, Schmorfleisch und Zwiebeln; man hörte das Weinen von Kindern und Hundegebell. Auf Leinen zwischen den Häusern flatterte Wäsche in der sanften Brise. Pinky deutete nach oben.

»Dritter Stock. Bei meinem Vater. Er ist krank. Keine Rente. Was nicht heißt, dass sich andere um ihn kümmern würden. Finden Sie immer noch, dass ich selbstgerecht bin?«

Tess stand eine Weile stumm da.

»Wollen Sie damit sagen, dass Sie arm sind? Ist es das?«
»Ich will sagen, dass ich eine wunderbare Arbeit habe, die mir nicht viel Geld einbringt und wegen der ich mich manchmal ziemlich ärgern muss. Besonders dann« – Pinky holte tief Luft und versuchte, gelassen zu bleiben –, »wenn mir jemand sagt, ich sei privilegiert und selbstgerecht.«
»Aus meiner Sicht sind Sie das.« Auch Tess musste sich zusammennehmen. »Von beidem ein bisschen.«
»Vielleicht. Aber ich sehe, dass die Reichen, die auf Bälle gehen, sich nicht einen Deut um andere scheren und ihre alten Leute zum Sterben in Altersheime abschieben.«
Es hatte keinen Sinn, gegen solche Verallgemeinerungen anzugehen. »Können Sie nicht zur Abwechslung auch die guten Dinge sehen? Lady Duff Gordon beschäftigt Menschen und bezahlt sie anständig, und sie ... behandelt sie gut.« Das war übertrieben, und sie wurde rot. »Zählt das in Ihren Augen denn überhaupt nicht?«
»Ihr Briten mit eurem Respekt vor Titeln«, gab

Pinky zurück. »Sie macht das, was sich für sie auszahlt.«
»Sie ist kein Unmensch, Pinky.«
»Vielleicht, aber wissen Sie, was ich glaube? Sie versuchen zu sehr, dieser Frau zu gefallen. Menschen wie ihr kann man es nie recht machen.«
»Sie hätte mich mir selbst überlassen können, als wir hier ankamen. Aber das hat sie nicht getan. Wissen Sie, was das für jemanden wie mich bedeutet?«
»Deshalb müssen Sie sie nicht gleich verehren.«
Tess fühlte sich getroffen. »Ich begreife nicht, warum Sie Ihre Energie für so etwas verschwenden.«
»Ich versuche, ein paar Schlachten zu schlagen, die Aufmerksamkeit auf sich ziehen. Weil ich etwas verändern möchte. Es macht mich zornig, dass ich so wenig ausrichten kann.«
Wieder standen sie einander schweigend gegenüber.
Schließlich meinte Pinky widerstrebend: »Warum soll ich es Ihnen nicht sagen? Meine Informationen über das Rettungsboot stammen von

einem Matrosen namens Tom Sullivan. Ein undurchsichtiger Kerl, aber er war dabei.«
Tess spürte eine Woge der Erleichterung. Also nicht Jim. »Und warum glauben Sie ihm?«
»Er hat nicht so viel Geld von den Duff Gordons bekommen, wie er erwartet hatte. Er ist wütend. Als es schließlich ums Bezahlen ging, waren sie ziemlich knauserig. Daher kann ich ihn verstehen.«
»Aber können Sie auch wirklich ausschließen, dass er nicht gelogen hat?«
»Dazu müsste die Lady es unter Eid abstreiten. Und selbst dann wäre ich mir nicht sicher. Warum dachten Sie, ich hätte meine Informationen von Bonney?«
In diesem Moment kurvte ein kleiner Junge auf einem wackligen Fahrrad auf sie zu, so dass sie beide einen Schritt beiseitetreten mussten. Tess war froh, ein wenig Zeit zu haben, um ihre Antwort zu formulieren: »Ich habe es nicht gedacht, sondern gefürchtet«, sagte sie bedächtig. »Verstehen Sie das?«
»Aber sicher.« Pinky klopfte sich insgeheim auf die Schulter, dass sie mit ihrer Vermutung am

Tag zuvor recht gehabt hatte, obwohl es sie nicht wirklich freute. »Was meinen Sie, sollen wir zum Markt zurückkehren? Ich kann Ihnen die besten Äpfel zeigen, die Sie jemals gegessen haben.« Ihre Stimme klang jetzt wieder etwas freundlicher.
Tess schüttelte den Kopf.
»Ich bin kein schlechter Mensch«, meinte Pinky rasch. »Und Sie gefallen mir. Sie werden es hier zu etwas bringen, Tess.«
Genau das hatte Jim auch gesagt. »Ich weiß nicht, was ich von Ihnen halten soll. Ob ich vor Ihnen auf der Hut sein muss, oder ob ich Sie als Freundin betrachten kann.«
Freundin. Das gefiel Pinky. »Ich mache nur meine Arbeit. Reporter sind nirgendwo beliebt.«
»Sie sind mir zu selbstsicher.«
»Im Gegensatz zu Lady Duff?«
Tess schwieg.
Pinky seufzte. »Gut. Hilft es Ihnen, wenn ich Ihnen sage, dass mein Vater mich manchmal als rasende Rachegöttin bezeichnet?«
Tess musste lächeln. »Ich denke schon. Im Augenblick jedenfalls.«
In stillem Einverständnis gingen sie den Weg zu-

rück, den sie gekommen waren. Bald waren wieder die leuchtenden Markisen und überbordenden Marktstände zu sehen. Tess schirmte ihr Gesicht vor der Sonne ab, deren Wärme ihr Trost spendete, und dachte an Jim. Allmählich wurde ihr leichter ums Herz. Zumindest für diesen einen Tag war alles gut.

Die Sonne ging bereits unter, als Tess, einen kleinen Korb mit Äpfeln unter dem Arm, zum Waldorf zurückkehrte. Während sie mit Pinky über den Markt geschlendert war, hatte hauptsächlich die Reporterin geredet, allerhand über New York erzählt, ihr Tipps gegeben, wo sie preiswerte Blusen und anständigen Tee finden konnte, dass in wenigen Tagen vom Washington Square aus ein Marsch der Frauen für das Wahlrecht stattfinden würde. Es werde ein großer Zug sein, der größte bisher, und er gehöre zu den Dingen, über die sie besonders gern berichte, weil es um Unterdrückung und Frauenrechte gehe. Angeführt werden sollte der Marsch von einer Frau auf einem weißen Pferd. Einem herrlichen, großen Schimmel. Es werde Spruchbänder geben, und die Frauen

würden ihre Kinder und sogar ihre Babys mitbringen, und auch Männer würden daran teilnehmen – ein paar zumindest. Was für ein Leben das denn sei, das die Frauen führen müssten, eingezwängt in Korsetts, die Schmerzen der Geburt erleidend, während ihre Männer die Nächte in Bordellen verbrächten? Die Ehe sei eine Falle.
Sie sprach leidenschaftlich, in einem Fluss. Tess war beeindruckt. Auch in England gab es Suffragetten. Sie hatte über sie gelesen und einmal einen Protestmarsch gesehen, bei dem Spruchbänder geschwenkt worden waren. Aber sie hatte nie das Gefühl gehabt, dass es auch mit ihrer Situation etwas zu tun haben könnte. Suffragetten? Frauen, die ihre Unabhängigkeit erklärten? Das waren Fremde für sie, Privilegierte von einem fernen Planeten. Frauen, die Zeit und Kraft genug besaßen, noch etwas anderes zu tun, als Bettwäsche zu wechseln und Toiletten zu schrubben.
»Schließlich kämpfen sie auch für *Ihr* Recht zu wählen«, sagte Pinky.
»Das hätte mir auch nicht geholfen. Nur mit größter Mühe habe ich mir den Sohn meiner Arbeitgeberin in Cherbourg vom Leib halten kön-

nen, der dachte, er dürfte sich alle Freiheiten herausnehmen.«

»Sehen Sie? Sie hatten nicht die Macht, ihn davon abzuhalten.«

»Aber wie hätte ihn mein Wahlrecht dazu bringen können, seine Hände dort zu lassen, wo sie hingehören?«

Pinky sah sie mit der Ungeduld einer Lehrerin an, die vor ihrer begriffsstutzigsten Schülerin steht. »Mit Ihrer Stimme könnten Sie Politiker beeinflussen, die, um an der Macht zu bleiben, vielleicht irgendwann ein Gesetz erlassen, das solche Übergriffe unter Strafe stellt.«

»Den Tag möchte ich gern erleben.«

»Dann kommen Sie mit zu dem Marsch. Ich verrate Ihnen ein Geheimnis.«

»Ein Geheimnis?«

»Das Aufregendste überhaupt. Ich berichte über den Marsch, und ich darf auf dem weißen Pferd reiten, bevor er beginnt. Ich kann Ihnen gar nicht sagen, wie viel mir das bedeutet«, sagte Pinky voller Ehrfurcht.

»Sie können reiten?«

»Ja sicher.« Sie lachte. »Und wissen Sie, was das

Beste dabei ist? Wenn sich Frauen zusammentun, protestieren und überhaupt etwas gemeinsam unternehmen, bringt das manche Männer völlig aus der Fassung. Sie brüllen und schreien, spotten und drohen mit ihren Fäusten. Und warum? Weil sie Angst haben. Sie fürchten, dass wir tatsächlich Macht bekommen und sie zu Veränderungen zwingen könnten.« In ihren Augen blitzte kindliche Verschmitztheit auf. »Es macht Spaß, das zu beobachten.«

»Ich kenne solche Männer«, sagte Tess. Der Offizier auf der *Titanic* hatte ihr ohne Weiteres die Schuld an der Tollpatschigkeit eines Matrosen gegeben. Sie war an derartige Vorfälle gewöhnt – ob Pinky das schockierte? Wahrscheinlich. Es tat gut, so dahinzuschlendern, über Frauen, das Wahlrecht, Macht und weiße Pferde zu plaudern. Und dann die Sonne – welch angenehmes Gefühl auf der Haut. Während Pinky von ihrem nächsten Artikel über die *Titanic* schwatzte, hörte Tess kaum noch zu. Sie spürte einen tiefen inneren Frieden.

GIUSI MARCHETTA

Der Leguan will das nicht

»Damit ich das richtig verstehe«, sagte Massimiliano, während wir Rom hinter uns ließen. »Sie stellen dich in eine Klasse mit einem behinderten Jungen, und du hilfst ihm beim Lernen.«
»Einem verhaltensgestörten Jungen. Ja, mehr oder weniger.«
»Und dafür musst du bis nach Turin?«
Auf dem Rücksitz türmten sich große Kartons. Papa hatte die Koffer mit Spanngurten auf dem Gepäckträger festgebunden und mit einer Militärplane gegen den Regen geschützt.
»Ich möchte es nicht wie im letzten Jahr machen: warten, ohne dass etwas passiert.«
Weder in Latein noch in Italienisch. Nicht in der Mittelstufe, nicht im Inklusions- und Förderbereich.
»Wir haben doch erst Oktober.«
»Wir haben *bereits* Oktober.«
Massimiliano zuckte mit den Schultern. Damit hatte ich nicht gerechnet. Das machen die ande-

ren Freunde, die Verwandten: Sie zucken mit den Schultern und sagen: Im nächsten Jahr wird es besser laufen.
Sie nicht, dachte ich, aber du, du könntest es verstehen.

Zweiundzwanzig Jahre ist es her, da kamst du, wie jeden Nachmittag nach den Hausaufgaben, zu uns nach Hause; deine Haare waren lockig, du wusstest noch nicht, dass sie dir frühzeitig ausgehen würden und du dir den Schädel rasieren müsstest, um den Mädchen zu gefallen. Auf dem Teppich in meinem Zimmer hast du die acht Monate heraushängen lassen, die du älter bist als ich, indem du mir all das beibrachtest, was ich nicht schon selbst herausgefunden hatte. Ein ganzes Jahr lang waren es die Spielkarten. Du lehrtest mich »Rubamazzetto«, Ass sticht alle Karten, Briscola, Scopa. Du sagtest mir, ich solle auf die Farbe Karo achten, die fast immer die wichtigste sei. Du machtest dir dein hervorragendes Gedächtnis zunutze, das du von deinem Großvater geerbt hast, um die letzte Runde des Kartenspiels zu rekonstruieren. »Ich kenne alle deine

Karten«, sagtest du jedes Mal, und jedes Mal war es so.

»Ich verstehe nicht, warum du ausgerechnet jetzt, wo ich weggehe, die Stadt in Schutz nehmen musst. Schließlich bist du doch auch der Meinung, dass in Neapel einiges schiefläuft.«

»Ja, und es wird immer schlimmer«, murmelte er.

»Der Unterschied ist doch der: Eine Massenentlassung ist im Norden ein Problem, im Süden ist sie eine Tragödie. Sie haben uns fertiggemacht: Das sagst du doch immer.«

Du müsstest es doch verstehen, dachte ich.

Du weißt, wie es war, sich den Kopf über die Regeln einer Sprache zu zerbrechen, die nur noch in Büchern existiert. Sich einem öffentlichen Wettbewerb zu stellen in der festen Überzeugung, es sowieso nicht zu schaffen, weil man über bestimmte Beziehungen nicht verfügt. Du weißt, was es bedeutete, ihn zu gewinnen und die Möglichkeit zu bekommen, in einer Klasse zu unterrichten und sich nützlich zu fühlen.

»Selbst in Turin dürfte das eine Tragödie sein«, sagte Massimiliano. »Wenn nicht im Moment, dann mit Sicherheit im nächsten Jahr.«

Ich musste mich zwingen, ihn anzulächeln. »Bis dahin sind es noch dreihundertfünfundsechzig Tage, richtig?«
Nach drei Stunden Fahrt hatte ich mich so sehr an den Motorenlärm gewöhnt, dass ich ihn mir nicht mehr wegdenken konnte. Je dunkler es wurde, desto schlechter konnte ich die Köpfe der Fahrer und Beifahrer in den anderen Autos erkennen; ich spürte aber, dass sie da waren, zu Tausenden vor uns, zu Tausenden hinter uns, sie folgten uns, ab und zu überholten sie uns und verschwanden. Wir fuhren nach Norden: Früher oder später würden wir alle dort landen.
»Und Gianni hat nichts mit dieser Sache zu tun?«, fragte er. Er kennt alle meine Karten.
»Gianni hat immer was damit zu tun«, sagte ich.
[...]

Ich öffnete die Augen. Inzwischen knallte die Sonne auf uns herunter. Mein erster Sonnenaufgang auf der Autobahn.
In einem Anfall von Selbstlosigkeit hatte Massimiliano das Radio leiser gestellt, aber die Mor-

gennachrichten drangen trotzdem an mein Ohr, bahnten sich einen Weg durch meine konfusen, traurigen Träume.
Irgendjemand sagte, dass die Krise bald vorüber sein würde. Ein kleines Mädchen war verschwunden. Es gab transitive Aktive und intransitive Deponentien. Falls jemand einen Brandherd sichtete, sollte er bitte den Notruf wählen.
»Guten Morgen.«
»Mmm.«
Ich hob nicht einmal den Kopf von der Rückenlehne, hatte kein Interesse, die vor uns liegenden Autobahnkilometer zu sehen. Noch weniger kümmerten mich die zurückgelegten, die verloren, einfach weg waren.
»Wo sind wir?«
»Ligurien.«
»Schon?«
Ich schloss wieder die Augen und legte ihm eine Hand auf den Arm. Von dort schien das Dröhnen des Motors zu kommen, aus dem angewinkelten Ellenbogen, aus Massimilianos Herz, das Blut in das ganze Auto pumpte, es eine ganze Nacht hindurch am Laufen gehalten hatte.

»Wir sind fast da«, sagte er.

Nach einer weiteren Stunde erreichten wir Turin, fuhren am Fluss entlang, vertrauten uns ihm an, um die Straße zu finden. Die Stadt kam mir vor wie ein endloser Park, mit Hügeln, Alleen.

»Halten wir mal kurz an?«

Beim Austeigen musste ich mich an der Beifahrertür festhalten. Irgendjemand hatte mir die Beine geklaut, ich spürte sie nicht mehr. Massimiliano ging zur Bar gegenüber, kam mit Kaffee und der Sonntagsausgabe von *La Stampa* zurück.

»Keine unterhaltsame Lektüre«, sagte ich zu ihm.

Wir setzten uns auf eine Wiese. Ein paar morgendliche Jogger ehrten den Sonntag, indem sie ihre Waden malträtierten. Fahrzeuge, Personen, Hunde bewegten sich gesittet und friedlich. Diese Ruhe hatte nichts mit unserer zu tun, die immer öfter einer wütenden Atempause glich von dem ständigen Bedürfnis, sich abzureagieren. Unsere war eine gefährliche Ruhe: In ihr reiften die schlimmsten Entscheidungen, die sich verfestigen und Gewalt annehmen, unausweichlich erscheinen konnten. Deshalb war kein Einwand ge-

gen unsere Entscheidungen möglich: bleiben, weggehen, jemanden zurücklassen – das alles hatten wir schon getan, tausendmal erwogen, ohne es auszusprechen.
»Verschone mich bitte«, sagte Massimiliano und rauchte seine Zigarette zu Ende. »Ich bin es, der Tränen vergießen sollte, dass ich wieder runterfahren muss.«
[...]

Ich hatte noch nie die Stadt wechseln, noch nie von vorn anfangen müssen. In meinen siebenundzwanzig Lebensjahren war bisher alles ganz normal verlaufen, eine von der Natur, der Erziehung, diversen Begegnungen bestimmte Wegstrecke.
»Bist du bereit?«, fragte mich Massimiliano, bevor wir ins Auto stiegen.
»Nein«, antwortete ich.
»Dann eben nicht.«
Er schaltete den Motor aus, und wir blieben auf dem Parkplatz unterhalb der Wohnung stehen mit vollbepacktem Kofferraum und laufendem Radio.

Ich hätte nicht gedacht, dass Tag für Tag an einem Ort zu leben bedeutet, ihn aufzubauen. Ich hätte nicht gedacht, dass wegzugehen bedeuten würde, ihn dem Erdboden gleichzumachen.

Ich fing an zu weinen. Massimiliano schwieg, stellte das Radio lauter.

Manchmal, wenn ich an jenen Tag zurückdenke, fällt mir ein, wie wir schweigend im Auto saßen und er die ganze Zeit den Finger am Lautstärkeregler hatte, als hätte er dadurch die Intensität dessen, was ringsherum geschah, regulieren können.

An dem Tag, bevor wir losfuhren, hatten er und mein Vater bei einem eiskalten Bier den Zeitplan und die Strecke der Reise vereinbart, einen gegenseitigen Verrat bekräftigt. Mit irgendetwas waren sie gescheitert, obwohl sie es nicht zugaben.

Wenn es Gianni nicht sein konnte, hätte ich gewollt, dass du es bist.

Es hat sich nicht ergeben, es sollte nicht sein.

Es ist die richtige Entscheidung. Er wird damit klarkommen.

Es ist die falsche Entscheidung. Aber er wird damit klarkommen.

Ich schaute ihnen zu, wie sie sich die Hand gaben, sich verabschiedeten. Massimiliano kam zu mir, küsste mich auf die Wange.
»Dein Vater hat mein Buch gelesen, hast du das gewusst?«
»Ich habe es vermutet. Er überlässt dir sein Auto: Daran sieht man, dass es ihm gefallen hat.«
Er lächelte so, wie wir im Laufe der Jahre gelernt hatten, einander anzulächeln. Jetzt, nach etlichen Monaten Abstand, habe ich begriffen, dass es sinnlos ist, auch hier danach suchen zu wollen, bei Menschen, die man kaum kennt.
Es ist sinnlos, dieselbe Liebe in anderen Arten der Zuneigung zu suchen, Vertrautheit im Unbekannten, meine Stadt in dieser Stadt. In Wahrheit sind es zunächst gewisse Gebärden und Gesten, die man in anderen Gesichtern, anderen Händen wiederzuerkennen glaubt, die aber bestenfalls nur eindrucksvolle Imitationen sein können.
Diese Gesten bestehen in der Entfernung fort. Einer weiten, unüberbrückbaren Entfernung, die uns verschlingt und uns zwingt zu essen, zu arbeiten, die üblichen Dinge zu tun, ohne Wissen des anderen zu leben.

Und dennoch werden meine Bücher immer mit Anna assoziiert sein; bei meinem Bier werde ich an Massimiliano auf der Piazza denken. Beim Klingeln des Telefons an Gianni, der Feierabend macht und mich sehen will.

ANNE-GINE GOEMANS

Gleitflug

Plötzlich bog Super Waling auf den Hof ein. Als käme er täglich vorbei. Kies knirschte unter den Reifen des Elektromobils. Er hielt den schwarzen Rucksack wie eine Trophäe hoch.

Gieles war gerade dabei, vor der Scheune die Tischtennisplatte aufzustellen. Die Beine waren rostig, das Netz franste an den Rändern aus. Er wischte sich die Hände an der Hose ab, und während er auf Super Waling zuging, scannte er ihn auf Verletzungen oder Anzeichen von Krankheit ab. Er konnte so schnell keine entdecken.

»Entschuldige meine Dreistigkeit, ich habe die Adresse aus deinem Taschenkalender herausgesucht«, sagte Waling fröhlich und reichte ihm den Rucksack. Gieles versuchte in seinem Blick zu lesen, ob er noch auf etwas anderes gestoßen war. Die *Geniale Rettungsaktion 3032* war im Kalender in allen Einzelheiten beschrieben. Aber Walings Blick verriet nichts, er war sanft und freundlich. Kein Hinweis auf verborgene Gedanken.

»Ich bringe schnell den Rucksack ins Haus«, sagte Gieles.
Als er zurückkam, beobachtete Super Waling die Gänse, die neugierig seinen Karren umkreisten. Er wollte sich vorbeugen, aber der Bauch war im Weg. Erst jetzt sah Gieles den Verband am Handgelenk.
»Wie geht's? Dem Arm?«, stammelte er.
»Fantastisch.« Super Waling zog den Ärmel seiner grauen Trainingsjacke über den Verband. »Nachdem mich die Sanitäter vorsichtig aus dem Treppengeländer befreit hatten, haben sie den Arm nach allen Regeln der Kunst verbunden.«
Er machte eine wegwerfende Bewegung und lachte. »Was ich so alles erlebe ... Zuerst die Feuerwehr, dann der Rettungswagen. Bin gespannt, welches Dienstfahrzeug mich das nächste Mal abholt.«
Gieles war nicht nach Lachen zumute. »Tut mir leid, dass ich ...«
Er suchte nach Worten. Er starrte auf seinen rechten Sportschuh, während er mit der Spitze eine kleine Mulde in den Kies bohrte. Ihm fiel die

Hochzeitsgesellschaft ein, die laut über Super Waling gespottet hatte. »Dass ich einfach verschwunden bin ...«

»Unsinn, Gieles«, unterbrach ihn Super Waling. »Das ist schon in Ordnung. Ich hatte einen schönen Nachmittag. Eigentlich hatte ich dir die Aussicht zeigen wollen, die man vom Turm hat. Die ist wirklich atemberaubend. Es ist eben anders gekommen. Schade, dass ich gestürzt bin. Schade für dich. Für mich. Für Frau Geerts. Für alle. Fertig, aus. Und jetzt sag mir«, fuhr er fort und strich einem der Vögel über die Federhaube, »sind das deine amerikanischen Gänse?«

»Dies ist Tufted und dies Bufted. Ihre Haube ist größer.« »Du hast ihnen Namen gegeben«, sagte Super Waling strahlend.

Gieles nickte. Es wunderte ihn, dass sich die Gänse von einem Fremden anfassen ließen. Ohne zu fauchen.

»Sehen beeindruckend aus mit dieser Haube. Und die kleine Gans dort muss dein Neuzugang sein.« Er schaute zu der Stelle im Gras hinüber, auf der das Küken schlief. »Niedlich.«

»Ja, und das ist ihre Schwester.«

Gieles zeigte auf die Wiese, auf der die große Gans büschelweise Gras ausrupfte.
»Die scheint ja ausgehungert zu sein.«
»Ist sie gar nicht«, sagte Gieles, »sie ist nur total verfressen ... Ich meine ...« Wieder fühlte er sich unbehaglich.
»Dann pass aber auf, dass die junge Dame nicht so korpulent wird wie ich«, lachte Super Waling.
Sie schauten eine Weile der schlingenden Gans zu. Tufted und Bufted watschelten auch in Richtung Wiese, hielten aber sicheren Abstand. Die Neue schüchterte sie ein.
Seit ein paar Tagen wusste sein Vater von der Existenz der beiden jungen Gänse. Wie auch immer Onkel Fred das geschafft hatte, sie durften bleiben, bis sie ihre ersten Flugversuche machten. Dann mussten sie weg. Die zweite Bedingung war, dass sie unter keinen Umständen mehr das Haus betraten. So hatte Willem Slob es formuliert.
Super Waling wollte offenbar wieder aufbrechen, aber Gieles hätte ihn gern noch dabehalten. Es war sonst niemand zu Hause.
»Ich hab den zweiten Teil von Ide und Sophia

gelesen«, sagte er und zog das fransige Netz stramm. »Hast du das alles geschrieben?«
»Ja«, antwortete Super Waling unsicher. »Hat es dir denn gefallen?«
»Klar. Ich find's gut. Wirklich sehr gut.«
»Danke für das schöne Kompliment. Du bist der Erste, der es gelesen hat.«
Gieles kannte sonst niemanden, der so strahlen konnte. Ein riesiger Leuchtkäfer.
»Aber Sophia tut mir sehr leid, weil man sie zusammengeschlagen hat. Ist ihr Gesicht jetzt ganz schief? Und ist das alles wirklich passiert?«
»O ja. Ide und Sophia Warrens sind meine Urahnen.« Gieles dachte über das letzte Wort nach. Urahnen?
»Um genau zu sein, sie waren meine Ururgroßeltern. Nach der Trockenlegung des Haarlemmermeers hat Sophia ein Tagebuch geführt, in dem sie auch ihre Erinnerungen notiert hat. Es sind mehrere gut erhaltene Hefte.«
»Dann waren sie gar nicht von Adel?«, fragte Gieles enttäuscht.
Super Waling lachte auf. »Nein, leider nicht. In meinem Familienstammbaum gibt es kein blaues

Blut. Wenn du wissen möchtest, wie es Sophia später ergeht, gebe ich dir mit dem größten Vergnügen den dritten Teil zu lesen. Ich kann ihn dir auch mailen, ganz wie du willst. Vielleicht kannst du etwas damit anfangen. Kommst du mit deinem Aufsatz voran?«

»Jaja«, sagte Gieles. Er hatte noch keine Zeile geschrieben.

Super Waling trank Wasser aus einer Flasche und betrachtete die Umgebung, als wäre sie ein altes Gemälde.

»Dein Vater hat also nicht an den Flughafen verkauft«, sagte er ernst. »Das finde ich nobel. Sehr nobel.«

»Für uns war es einfach praktisch«, meinte Gieles. »Mein Vater arbeitet nämlich auf dem Flughafen.«

»Man kann auch einen katastrophalen Fehler machen, wenn man sein Heim verkauft«, murmelte Super Waling und strich wieder einer der Gänse über den Kopf. Die andere knabberte an seiner zeltgroßen Jogginghose. »Aber ich möchte dich nicht länger aufhalten. Wie ich sehe, willst du gleich ein bisschen Pingpong spielen.«

»Tischtennis.«
»Oh, Entschuldigung. Tischtennis. Gegen wen?«
Gieles wusste, dass Super Waling ihn nicht auslachen würde. »Mein Gänschen. Das kleine.«
Waling zog amüsiert die Brauen hoch und sagte etwas, das im Lärm unterging. Sie warteten, bis das Flugzeug am Haus vorbei war.
»In diesem Fall«, wiederholte Super Waling, »wäre es eine Ehre für mich, zuschauen zu dürfen.«
Gieles kicherte. »Es ist allerdings ihre erste Stunde.«
»Macht nichts, macht gar nichts. Es wird auch meine erste Stunde sein. Ich bin völlig unbedarft, was diesen Sport angeht.«
»Dann bringe ich es dir auch bei«, schlug Gieles vor, bereute es aber sofort, denn er sah jede Menge Schwierigkeiten voraus. Doch Super Waling war schon dabei, sich hochzuwuchten, und rief begeistert: »Das ist eine wunderbare Idee!«
»Okay«, sagte Gieles und wandte den Blick ab. »Okay. Dann hole ich jetzt mal die Schläger. Und die Bälle.«
Als er wieder aus der Scheune kam, stand Super

Waling an der Platte. »Auf, Seele, auf«, murmelte er. Diese Wörter standen über dem Scheunentor. »Kennst du das Lied?«
Gieles schüttelte den Kopf und trat gegen eines der rostigen Beine, damit der Tisch wieder gerade stand.
Super Waling legte die Hand aufs Herz. »Auf, Seele, auf und säume nicht! Es bricht das Licht herfür. Der Wunderstern gibt dir Bericht, der Held sei vor der Tür ... Den Rest habe ich vergessen«, sagte er. »Zu Hause haben wir dieses Lied zu Weihnachten gesungen. Und? Stehe ich richtig?«
Er fragte es so voller Selbstironie, dass Gieles sich das Lachen nicht mehr verkniff.
»Du musst ungefähr einen Meter Abstand vom Tisch halten.« Super Waling machte zwei Schritte rückwärts.
»Die Art, wie man den Schläger hält, ist entscheidend für die Technik. Ich persönlich bin für die Shakehand-Haltung.«
»Shakehand-Haltung«, echote Super Waling.
»Ja, man greift den Schläger so, als würde man jemandem die Hand geben, dabei liegt aber der

Zeigefinger hinten auf dem Blatt. Das sieht so aus.«
Waling schaute ihm aufmerksam zu.
»Die andere Möglichkeit ist die Penholder-Haltung, die ist besonders bei den Chinesen beliebt.« Gieles machte sie vor und reichte dann Waling einen Schläger. »Links oder rechts?«
»Eigentlich rechts. Aber heute links. Du weißt ja, eine kleine Blessur.«
»Mit links geht es auch.« Gieles überlegte, ob Waling sich wohl das Handgelenk gebrochen hatte. »Das Wichtigste ist, dass die Technik etwas Persönliches hat. Zum Beispiel eine aggressive Vorhand oder einen Sidespin.«
Super Waling schaute ihn ratlos an.
»Aber das ist natürlich alles noch zu schwierig für den Anfang. Jetzt kommt es erst mal darauf an, dass du nach dem Schlag wieder in der Grundhaltung stehst. Also so.«
Sehr sorgfältig nahm Gieles die Grundhaltung ein. Super Waling versuchte es nachzumachen. Es sah lächerlich aus.
»Nein, nein. Nicht so. Die Füße näher zusammen.«

Er wechselte die Seite und stellte sich neben Super Waling. Erst jetzt fiel ihm auf, wie klein die Füße in den hellblauen Crocs waren. Seltsam, dass sie dieses Gewicht tragen konnten. Die Oberschenkel waren mindestens doppelt so dick, wie die Füße lang waren.

»Sie sitzen sehr gut«, entschuldigte sich Super Waling. »Schuhe kann man sie ja kaum nennen. Aber was soll's, ich sehe sie sowieso nicht.«

Gieles nahm neben Waling die Grundhaltung ein.

»Die Füße näher zusammen«, wiederholte er.

»Ich fürchte, das geht nicht. Mein Bauch …«

Gieles gab sich große Mühe, das weit herabhängende Bauchfleisch zu übersehen.

»Versuch die Arme zu beugen. Neunzig Grad. Nein, nicht so nah am Körper.«

Ohne ihn zu berühren, lenkte Gieles die Oberarme in die gewünschte Höhe. Es sah aus, als wollte Super Waling einen Vogel imitieren. Nach weiteren Anweisungen stand er in einer völlig verkrampften Haltung da.

Gieles kehrte zu seiner Seite des Tisches zurück. Er schlug einen einfachen hohen Ball direkt übers Netz auf Walings Tischhälfte. Der Ball sprang ge-

gen den gewaltigen Bauch und von dort auf den Kies.
»Ich heb ihn auf. Bleib einfach stehen.«
Beim vierten Versuch traf Waling den Ball, aber irgendwie schaffte er es, ihn nach hinten statt nach vorn zu schlagen. Einer der nächsten Bälle sprang von seinem Schläger gegen seine Stirn und von dort in gerader Linie auf Gieles' Hälfte.
»Schöner Kopfball«, kicherte Gieles.
»An mir kommst du nicht vorbei!«, rief Super Waling.
Von dem Auf und Ab des linken Arms abgesehen, stand er völlig reglos, aber seine Mundwinkel wanderten immer weiter aufwärts. Wie seine Trainingsjacke. Gieles hatte Aussicht auf ein Stück von Walings Bauch, doch es hätte auch ein Hintern sein können. Genau in der Mitte des Fleischwulstes verlief eine tiefe, senkrechte Rille.
Er hat zwei Ärsche.
Inzwischen war die kleine Gans aufgewacht. Sie watschelte auf Gieles zu, der ihr aber nur einen kurzen Blick zuwarf.
»Denk an die Beinarbeit!«, rief er und sprang wie

wild herum. »Du musst laufen, dich bewegen! Den Raum nutzen!«

Super Waling platzte los. Er stützte sich mit der linken Hand auf den Tisch, sein Leib wackelte wie eine Hüpfburg.

»O Gott! Laufen! Beinarbeit! Hahahaha.«

Auch Gieles lachte. Erst noch zurückhaltend, aber als er auf Super Walings Crocs schaute, bekam er einen solchen Lachkrampf, dass ihm bald die Tränen über die Wangen liefen. Es war wie eine Befreiung. Jeder von ihnen hatte einen anderen Grund für seine Heiterkeit.

Gieles hörte erst auf, als er Toons Moped hörte. Toon fuhr langsam vorüber und wieder zurück, ohne zu grüßen. Er tat sonst nichts, und doch hatte Gieles das Gefühl, sein Freund sei gerade zum Angriff übergegangen.

ILKE S. PRICK

Vaya con Dios

»Mmm«, sagen sie, »das Meer«, sagen sie, »verstehst du?«, und schauen verzückt zur Decke. »Ja-ja«, sage ich und: »ich versteh schon, die Nordsee oder so!« Sie schnaufen: »Nordsee? Pah!«, und verdrehen die Augen. »Die Baja natürlich«, sagen sie, »die Baja runter und zur Paarungszeit der Wale am Strand sitzen, mit etwas zum Kuscheln im Arm. Und dann Sonnenuntergang.« Sie nicken mir zu. »Ach ja«, sage ich also, »ich verstehe«, und versuche zu sehen, was sie sehen, dort oben, als sie mit verklärtem Blick zur Decke starren. Die Baja runter, klar. Wie kann ich da auf die Nordsee kommen? »Mayatempel, weißt du, und Liebe am Strand. Und Musik, den ganzen Tag Musik. Kulturell sowieso und politisch, klar, vor allem politisch. Weiter südlich die Zapatisten. Und dann Sonne, so viel Sonne.« Sie seufzen. »Ja-ja«, sage ich und denke an Bohnen, den ganzen Tag lang Bohnen. Und Fleisch mit klebriger Schokoladensoße. Und Durchfall, sehr scheußlichen

Durchfall. An Hautkrebs denke ich, an Hängematten und an Rückenschmerzen. Ich denke auch an ihr Savoir-Vivre vor einem Jahr, als sie sich das letzte Mal getrennt haben. Das war nach drei Wochen auf Isomatten an der Ardèche, und es hatte ähnlich angefangen. Das gleiche Mmm und Aahhh und Liebe unter freiem Himmel. Ich verreise nicht gern, darum ist klar, was auch diesmal mein Part der Geschichte sein wird: die drei Katzen und der Wintergarten. »Wie lange?«, frage ich. Der fette Rotbraune durchstöbert gerade den Papierkorb nach Essensresten. »Zwei Monate«, sagen sie und: »Du kannst gern die Badewanne benutzen.« Ich bin erpressbar, das wissen sie, obwohl ich die Katzen hasse. Wasser so viel ich will, aber nie so viel, dass ich ertrinken könnte. Und alles gut temperiert. Was soll ich anfangen mit sich paarenden Walen an der Baja California und mit Liebe am Strand? Mit Sand zwischen den Zähnen und Skorpionen. Ich habe selbst eine Dusche. Aber eine Badewanne für zwei Monate? Nun ja, ich bin gern hilfsbereit.

Die Probleme damals mit der Ardèche hingen wohl mit Ritas verlorenen Kontaktlinsen zusammen, so jedenfalls erklärte sie es mir nach ihrer Rückkehr, an jenem Abend, als sie Hannes' Bücher aus dem Fenster warf. »Was brauchst du Kontaktlinsen in der Wildnis?«, wollte ich fragen, aber da war sie schon am Heulen, einen ganzen Wasserfall. Die Ardèche war nichts im Vergleich dazu. Also die Kontaktlinsen und der Abwasch. »Abwasch?«, wollte ich einwerfen, denn bis dahin hatte sich keiner der beiden je sonderlich um irgendeinen Abwasch geschert. Aber Rita heulte noch mehr, und ich habe von solchen Reisen wahrscheinlich einfach nur keine Ahnung. Die Kontaktlinsen, der Abwasch und die Frösche. »Frösche?« Ich verlor den Überblick. Ja, die Frösche. Das war wirklich zu weit gegangen. Ritas neue Linsen schwammen allein bei der Erwähnung der Frösche auf den tränennassen Seen schieren Entsetzens. Frösche! Ganz eindeutig. »Tofugulasch«, hatte er zu ihr abends gesagt, und »Lecker!« Mmm und Aahhh und alles in Tomatensoße. Rita ist nicht argwöhnisch, bis heute nicht. Lecker hatte auch sie gesagt, Vegetarierin seit dem fünfzehnten Lebensjahr. Hannes hatte sie gefangen, jeden einzelnen, mit der bloßen Hand. Ihnen den Hals umgedreht, sie ausgenommen und in kleinen Würfeln angebraten. Dann hatte er es Tofugulasch genannt. Ich bekam ein glitschiges Gefühl zwischen meinen Fingern, doch meine Frage, ob sie tatsächlich wie Kalbfleisch geschmeckt hätten, die Frösche, quittierte Rita mit einem weiteren Heulanfall. Vielleicht war ich nicht pietätvoll genug, aber da die Frösche verdaut waren, hätte sie mir doch die Frage beantworten können. »Das war so roh!«, schluchzte sie. »Aber du hast doch gesagt, er hat sie angebraten?« Auch ich flog aus der Wohnung an jenem Abend, ähnlich wie die Bücher.

»Quatsch, Kontaktlinsen!«, sagte Hannes, als er damals vorübergehend bei mir einzog. »Es war die Kanutour mit diesem Engländer, auf der sie sie verloren hat.« Rita war erst am Morgen danach wieder aufgetaucht, strahlend und ohne Linsen, aber da hatte Hannes schon die Polizei verständigt, das Deutsche Konsulat, das Rote Kreuz und natürlich Ritas Eltern. »Aber du hast doch gemeint: freie Liebe«, hatte Rita verwirrt gesagt damals, zu ihm an der Ardèche. »Ja, das stimmt, du hast gesagt: freie Liebe!«, sagte auch ich, später an meinem Küchentisch. »Und: Sex ist wie Kaffeetrinken, man muss das nur pragmatisch angehen. Das hast du doch gesagt, oder?« Ja, meinte Hannes auch da, das habe er gesagt, aber sie, Rita, sei nun mal noch nicht so weit, also rein mental gesehen, dass sie das auch so umsetzen könne, weil sie doch eher ein romantischer Typ sei. Im Gegensatz zu ihm, Hannes, der sich mit all dem viel gründlicher auseinandergesetzt habe. Mit Besitzverhältnissen und gesellschaftlichen Gegebenheiten. Und mit seiner Hand auf meinem Knie. Nachdem auch ich ihn hinausgeschmissen hatte, mussten sie sich wohl wieder versöhnt haben.

Als ihr Flugzeug Richtung Mexiko endlich abhebt, bin ich beinahe erleichtert. Zuerst gieße ich die Blumen. Dann nehme ich fünf Dosen Whiskas, das Klo, die Milchschälchen und sperre die drei Katzen bis auf weiteres in den Wintergarten. Die Leber, die Rita zum Abschied für sie gekauft hat, brate ich abends und serviere sie mit

Orangensauce. Dazu lade ich Robert ein. Robert und ich kennen uns schon lange. Auch er hat eine Dusche und verreist nicht gern, doch manchmal brauchen wir beide einfach das Gefühl von Meer. Nach der Leber zieht er seine Schwimmflossen an, setzt den Schnorchel auf und lässt sich in die Badewanne gleiten. Ich greife die Plastikboote, die Wasserpistole, die Schwimmbrille und springe hinterher. Wozu um Himmels willen sollte ich an die Baja California fahren, wo's hier noch nicht mal Haie gibt. Mit dem Meer ist es nämlich ähnlich wie mit der Liebe. Manchmal ist eine Erinnerung oder eine Ahnung bei weitem besser als die Realität. Und Fische reichen mir auf dem Teller. Die Vorstellung, wie sie unbemerkt unter mir patrouillieren oder etwas Glitschiges an meinen Beinen entlang streift und mich zu Tode erschreckt, hat etwas Obszönes. In der Badewanne mit Robert – kein Problem! Aber Robert riecht auch nicht nach Fisch. Und mit den Wellen sind wir vorsichtiger geworden, seit die Nachbarn von unten das letzte Mal an der Tür geklingelt haben, weil sich ein dunkler Wasserfleck an ihrer Decke im Flur abzuzeichnen begann.

Die erste Mail kommt nach 8 Tagen:
haben uns die baja gespart. keine walzeit momentan. sind gleich von l. a. nach mexiko-stadt geflogen. hannes rucksack ist auf dem flug verschollen. – Seine neue Kamera hatte er doch hoffentlich im Handgepäck? – sitzen beim zoll fest und warten. demnaechst mehr! kraul die katzen. kuss rita

Oh je, die Katzen! Ich gehe in den Wintergarten und erwische sie dabei, wie sie den Ficus Benjamini gerade zu ihrem neuen Klo erklären. Ich hebe zu einer Strafpredigt an, aber da ich anscheinend nicht nur mit dem Katzenklo, sondern auch mit dem Blumengießen sehr nachlässig war, und der Ficus sowieso schon die Hälfte seiner Blätter abgeworfen hat, beschließe ich, die Katzen nicht weiter zu stören. Ich stelle nur ein paar neue Futterdosen dazu und öffne die Tür zum Balkon, damit der strenge Geruch hinausziehen kann. Am Abend veranstalten wir ganz spontan eine hawaiianische Nacht. Robert hat eine Dose Ananas entdeckt und überrascht mich mit Südseecocktail, mit Hula-Tanz und mit Hibiskusblüten auf einem Sandelölbad. Im Waschbecken hat er aus Ritas biodynamischer Schlammmaske und ein paar Wunderkerzen einen kleinen Vulkan gebaut. Fast wie Honolulu. Erst bei der Frage, wo denn die Katzen sind, werde ich unruhig. Als er Ritas Hibiskus gerupft hat, sei keine von ihnen im Wintergarten gewesen. Da fällt mir ein, dass ich die Balkontür vergessen habe.

Die nächste Mail kommt eine Woche später: rucksack da, travellerschecks nicht. sind mit visacard unterwegs nach palenque. ruinen, natur und mystische erlebnisse. – Meine Güte, wenn die beiden mit Mystik anfangen, wäre es vielleicht nicht schlecht, mir schon mal die Adresse der Deutschen Botschaft zu besorgen. – immer noch kein meer. sind die katzen wohlauf? umarmung rita

Die Nachbarn zur Rechten haben uns die Drei am Tag nach dem hawaiianischen Fest zurückgebracht. Sie sahen sehr satt aus, die Katzen, denn sie waren durch das offene Fenster in der Nachbarspeisekammer gelandet. Mein schlechtes Gewissen treibt mich dazu, fortan die Balkontür zu schließen und dafür den Wintergarten offen zu lassen, damit ich sie besser im Blick habe. Als Robert abends auftaucht, grinst er und schiebt eine große Kiste über die Türschwelle. Nachdem er mich in der Küche eingeschlossen hat, wirbelt er wie wild durch die Wohnung, und als er mir im Bad die Augenbinde abnimmt, könnte ich heulen. Island ist mein Traum. Robert weiß das. Ein Fleck Land umgeben vom Meer. Wasser im Extremen. Heißkalt. Roberts bester Freund ist Bühnenbildner, und der hat ihm diese Nebelmaschine besorgt. Das Badezimmer dampft, der Fußboden ist übersät mit zerstoßenem Eis, in der Wanne treibt ein Schwarm Schwimmkerzen. Wir lassen uns vorsichtig dazwischen plumpsen, und gerade als ich zu dem Schluss komme, dass Robert der fantastischste Mann ist, der mir je begegnet ist, taucht der fette Rotbraune auf. Wegen des Nebels habe ich ihn nicht gleich gesehen. Er springt auf den Badewannenrand, doch weil auch hier Eisstückchen liegen, schlittert er direkt weiter ins Wasser. Dass er sich an den Kerzen den Schwanz verbrannt hat, ist nicht weiter tragisch, das ist schnell gelöscht, nur dass wir ihn dazu vielleicht ein wenig zu lange unter Wasser lassen, entpuppt sich als kleines Problem. Wie soll man Mund-zu-Mund-Beatmung machen – mit einem Kater? Darauf hat mich kein Sanitätskurs vorbereitet. Also halten wir ihn an den Hinterpfoten hoch und schütteln ihn ein bisschen. Als er sich auf den Flokati erbricht, scheint das Schlimmste überstanden zu sein. Die Tür zum Wintergarten bleibt von nun an wieder streng verschlossen.

Ihre nächste Mail lässt auf sich warten. Stattdessen kommt eine Nachricht von der Deutschen Botschaft in Mexiko-Stadt:
Hannes Kraushaar und Rita Sievers wegen Verdacht auf Drogenmissbrauch festgenommen. Setzen Sie sich bitte umgehend mit dem Konsulat in Verbindung. – Ich habe es ja gleich gesagt. Wenn die beiden von mystischen Erlebnissen sprechen, kann das nicht gut gehen.

»Oooh, Pelikane, weißt du, ganz bunt, rot und blau und so schön!« Sie würden die Augen verdrehen und seufzen. »Zum Anfassen, cool, direkt über unseren Köpfen.« Ich habe sie genau im Ohr, ich brauche sie gar nicht wirklich zu hören. Schlimmer noch als ihre Vorfreude sind nämlich die Urlaube, die ohne Dramen und Trennung verlaufen. Obwohl das bislang zugegebenermaßen selten passiert ist. Dann würde es weitergehen mit: »Aahhh, die Ruinen, so alt, verstehst du, die Mayas, echt magisch.« Ich würde nicht zugeben, dass ich nicht verstehe, was genau magisch war: die Pelikane, die Ruinen oder die seltsamen Farben. »Und dann wie Eidechsen auf den Steinen, weißt du, in Palenque. Die Sonne, den ganzen Tag die Sonne, und alles unheimlich warm.« Das ist, was mich erwarten würde. Schließlich kämen »Mmm, so lecker« die Tortillas auf den Tisch, die Tortillas und die Bohnen »richtig original, kannst du glauben!«, und ich hätte die nächsten zwei Tage Blähungen.

»Peyotl-Kakteen! Sie verstehen?«, ist die Antwort, als ich ein paar Wochen später beim Konsulat anrufe. »Verstoß gegen das Drogengesetz«, »schwere Konsequenzen«. Am Meer waren sie also nicht gelandet. Ob ich für sie bürgen könne, dass das mit dem Peyotl ein Versehen gewesen sei, und eine Kaution hinterlegen? Nun ja, ich bin gern hilfsbereit. Aber ich kenne meine Grenzen. Daher teile ich dem Konsulat mit, dass ich die beiden doch eher flüchtig kenne und nur ihre Pflanzen betreue. Aber dass mir das, was da im Wintergarten so herumsteht, schon ein wenig komisch vorkomme. Aber nein, weiter könne ich zu ihrem Drogenkonsum nichts sagen. Nur dass ich, Entschuldigung, nicht sicher sei, ob ich für sie bürgen solle. Eine Kaution? Gern, aber sollen etwa die Katzen verhungern?

Nach ein paar Tagen kommt die Nachricht, dass sich alles sehr schwierig gestalte und sich noch eine Weile hinziehen werde. Das tut mir Leid. Die Gefängnisse in Lateinamerika – man hört ja Schlimmes. Robert und ich entschließen uns, schon mal den Ficus aus dem Wintergarten zu schmeißen und einige Bilder abzuhängen. Für die Katzen wird sich auch noch eine Lösung finden. Bis die beiden in ein paar Jahren wieder zurück sind, wird sich ihr Groll wohl gelegt haben. Unser Umzug ist schnell gemacht. Robert, drei Zimmer, der Wintergarten, die Badewanne, das ist wirklich wunderbar. Ich hoffe nur, die beiden haben eine Zelle mit Blick aufs Meer.

QUELLENVERZEICHNIS

Kate Alcott, Ein Koffer voller Träume (Auszug), S. 97. Aus: Kate Alcott, Ein Koffer voller Träume. Aus dem Englischen von Gabriele Gockel und Barbara Steckhan. insel taschenbuch 4182. © Insel Verlag Berlin 2012.

Elizabeth von Arnim, Verzauberter April (Auszug), S. 59. Aus: Elizabeth von Arnim, Verzauberter April. Aus dem Englischen von Adelheid Dormagen. insel taschenbuch 4220. Insel Verlag Berlin 2013. © Insel Verlag Frankfurt am Main und Leipzig 1992.

Maurizio de Giovanni, Die Gabe des Commissario Ricciardi (Auszug), S. 23. Aus: Maurizio de Giovanni, Die Gabe des Commissario Ricciardi. Aus dem Italienischen von Doris Nobilia. insel taschenbuch 4169. © Insel Verlag Berlin 2012.

Anne-Gine Goemans, Gleitflug (Auszug), S. 122. Aus: Anne-Gine Goemans, Gleitflug. Aus dem Niederländischen von Andreas Ecke. insel taschenbuch 4276. Insel Verlag Berlin 2013. © Insel Verlag Berlin 2012.

Frances Greenslade, Der Duft des Regens (Auszug), S. 73. Aus: Frances Greenslade, Der Duft des Regens. Aus dem kanadischen Englisch von Claudia Feldmann. insel taschenbuch 4255. Insel Verlag Berlin 2013. © 2012 by mareverlag, Hamburg.

Anthony Horowitz, Das Geheimnis des weißen Bandes (Auszug), S. 85. Aus: Anthony Horowitz, Das Geheimnis des weißen Bandes. Ein Sherlock-Holmes-Roman. Aus dem Englischen von Lutz-W. Wolff. insel taschenbuch 4215. Insel Verlag Berlin 2013. © Insel Verlag Berlin 2011.

Giusi Marchetta, Der Leguan will das nicht (Auszug), S. 112. Aus: Giusi Marchetta, Der Leguan will das nicht. Aus dem Italienischen von Angelika Beck. insel taschenbuch 4189. © Insel Verlag Berlin 2012.

Deborah Moggach, Club der gebrochenen Herzen (Auszug), S. 9. Aus: Deborah Moggach, Club der gebrochenen Herzen. Aus dem Englischen von Adelheid Dormagen. insel taschenbuch 4231. © Insel Verlag Berlin 2013.

Juliet Nicolson, Als Mrs Simpson den König stahl (Auszug), S. 40. Aus: Juliet Nicolson, Als Mrs Simpson den König stahl. Aus dem Englischen von Hans-Christian Oeser. insel taschenbuch 4237. © Insel Verlag Berlin 2013.

Ilke S. Prick, Vaya con Dios, S. 134. Aus: Sommerausflüge. Die schönsten Geschichten vom Wegfahren. Ausgewählt von Katrin Eisner. insel taschenbuch 4236. © Insel Verlag Berlin 2013.

Antonia White, Minka und Löwenherz (Auszug), S. 53. Aus: Antonia White, Minka und Löwenherz. Aus dem Englischen von Leonore Schwartz. Für die Originalausgabe: Copyright © The Estate of Antonia White. Für die deutsche Übersetzung: © Insel

Verlag Frankfurt am Main und Leipzig 1996. In: Von Katzen und Frauen. Ausgewählt von Detlef Bluhm. insel taschenbuch 4212. Insel Verlag Berlin 2013.

INHALT